음식을 만들면 시가 온다

음식을 만들면 시가 온다

요리하는 시인
김명지 산문집

프롤로그
짧은 시간의 긴 기억

내게 음식은 그리움이다
그리움이면서도 정情의 표현인 음식을 만들고 나누는 일을
너무나 좋아한 사람이 있었다
그 사람을 추억하나 미력하여 오랜 시간을 머뭇거렸고 결심에
이르는 데 또 많은 시간을 소비했다

엄마,
엄마는 마술사의 손을 가진 사람이었다
함박눈이 펑펑 내리는 날에도 두 손에서 김이 모락모락 나던
여인
사계절 내내 두 손은 심장처럼 펄떡거리며 뜨거웠다
너무 일찍 사남매를 남기고 떠난 엄마

마흔을 넘기면서 가장 부러운 사람이 엄마가 있는 사람이었다
쉰을 지나니 부러움을 넘어 서러움이 쌓여 시시때때로 내 손을
통해 나타나는 엄마로 인해 눈물을 왈칵 쏟는 날들이 생기기
시작했다
그런 날은 너무나 쓸쓸하여 목적지를 정하지 않고 걷고 또
걷는다
그러다 닿는 곳이 시장이다

시장에는 여러 엄마가 계신다
운이 좋아 장날 장터에 들어서게 되면 더 많은 엄마가 계셔서
채소전으로 어물전으로 과일전으로 엄마를 찾아 돌고 또 돌아
장바구니를 채우는 내가 있다
가끔은 과하게 장을 본 탓에 장바구니를 낑낑대며 들쳐 메고
뒤뚱거리는 날도 있는데 그럴 때면 "엄마, 엄마…" 하고 가만히
불러본다
머리 위에 또바리를 얹고 커다란 함지박을 인 엄마의
쪽진 머리가 흔들거리며 나타나고 그 뒤를 촐랑거리며 따라가던
내가 나타난다

다행인지 불행인지 내게는 나눔을 즐기시던 엄마의 손맛과

감각적인 혀의 미각이 그대로 나타날 때가 있다
가끔 슬프고 어쩌다 기쁜 날들이 오는데
동네에서 손이 크기로 으뜸이었던 엄마와의 너무나 짧았던 13년
나는 기쁜 날을 더 많이 누리려고 엄마의 음식을 기억해내고
만들고 응용하고 더 새로운 음식을 꿈꾸며 살고 있다

나는
시를 쓰듯 음식을 만든다
시와 음식은 다르지만 같다
시에 젖어들었으나 심하게 흔들거릴 때면 잠시 호흡을 가다듬고
맛있는 음식을 떠올리고 나눠 먹을 사람을 생각하며 음식
만들기에 집중한다
완성한 음식을 앞에 두고 슬쩍 웃을라치면 나를 떠나 어둡고
외진 길모퉁이에서 서성거리던 문장들이 다감한 모습으로
등 뒤로 와서 내 등을 어루만진다
시가 오지 않는 날들이 더 많다
그래도 괜찮다
결국엔 내 식탁 위로 내가 만든 음식을 나누는 사람들과의
정담情談 속으로 올 것을 믿기에 음식을 만들면 되는 것이다

봄 여름 가을 겨울
사계절을 아우르는 음식을 만들어봤다
이것은 나의 추억담이고 먹고 자란 내력이며 지인들과의 '음식
나눔' 이야기다
나는 잘 먹는 일이 중요하다고 믿는 사람이다

하필이면 코로나19로 지인들과 자주 만나지 못하는 가운데
음식을 만들고 글을 쓰고 사진을 찍었다
보통 사람들은 엄마의 손맛과 아내의 솜씨가 제일이어서 자랑을
하기도 하고 나누기도 하는데
친구나 이웃에게 나누지 못하는 세상이 되었으니
유년 시절 마당에 모여 마을 사람들과 나누던 팥죽과
명절 일가친척에게 세배를 가고 정을 나누던 모습이
아련하다 못해 못내 그리운 풍경이 되었다
하루빨리 이 상황에서 놓여나 봄 여름 가을 겨울 차례대로
음식을 만들어 나누며 왁자지껄 웃고 싶다

내게 스민 엄마의 내림과 착한 먹거리에 대한 간절함이
내 손끝에서 춤을 추는 날들을 경험했고
만들어 나누고 권하는 날들이 잦았다

가볍게 보지 않고 책을 내자며 적극적으로 권하고 추진한
목선재에 감사한다

내가 조리하고 먹은 이 음식이 독자들에게 대리만족으로
위로가 되고, 혹자는 재료를 구해 만들어 먹고 건강한 사계절을
경험해보시길 권한다
그것이 간절한 바람이다

차례

프롤로그　짧은 시간의 긴 기억 • 5

여름　the song is 얼마 줄까

돌나물 물김치―각연사 비로자나불 • 15
감자옹심이―연모 • 23
머위탕―the song is 얼마 줄까 • 35
광어를 베이스로 한 날치알과 무순을 곁들인 회무침 • 46
절인 도루묵찌개―갸륵한 찌개 • 57

가을　내가 너를 사랑한다

메밀국죽―정선 • 71
시래기 된장, 시래깃국 또는 시락국―기도 • 82
전복죽―문애 • 94
낙지 초무침―내가 너를 사랑한다는 말(꼬마 이야기) • 104
밥 이야기―아침(옴 따레 뚜따레) • 116

겨울 끝내, 사랑

　도치알탕—상백의 사랑 • 133
　팥죽—고구마빼떼기를 아세요 • 142
　입동 지나, 고사리 조기조림 • 151
　쇠미역 게찌개—경칩 이야기 • 161
　김장 이야기—명태김치(조기김치 또는 갈치김치) • 169

봄 햇살그물

　가자미조림, 가자미 미역국 또는 도다리쑥국
　　—백석도 가자미를 좋아했다 • 185
　미역국—첫날 밤 둘째 날 밤 그리고 마지막 밤 • 198
　국수 이야기—호랑지빠귀와 보성 나들이 • 212
　새치 이야기—세설원에서 밥상을 받다 • 221
　머위나물—햇살그물 • 231

육수 이야기

　쌀뜨물 • 247
　다시마 • 252
　양파와 양파껍질 • 255
　구운 대파와 파뿌리 • 257

에필로그　봄이 왔다 • 261

여름

the song is 엄마 줄까

돌나물 물김치
— 각연사 비로자나불

봄부터 몇 번을 작정한 곳
미선나무 꽃 향 가득한 그곳에 가려고 계획했지만 번번이 놓치고
여름 지나 가을 그리고,
괴산을 가려고 첫차를 탔어요
그곳에 가면 엄마가 있을 거 같았거든요
우연히 보게 된 각연사 비로자나불 광배에 새겨진 아홉 구의
작은 불상에서 그런 느낌을 받아 가야지 가야지 가 봐야지
했으나 이상하게 가닿질 않더라고요

작업실을 떠난 지 5시간 반 만에 도착한 절집은
상상한 것과 같았어요
산문을 지나 절집에 가까워질수록 마음은 차분해지고

대웅전 앞 결을 맞춘 듯한 비질은 뭉클했어요
오래전 월문리 묘적사 마한선실 앞의 비질처럼
숭고하기까지 했어요
비로자나불은 비로전에 모셔져 있다 했으나
대웅전에 먼저 들렀지요 그래야 할 것 같았어요
삼배를 올리고 나와 천천히 아주 천천히 비로전으로 발길을
옮겼어요
다람쥐 한 마리가 나무와 지붕과 나무를 옮겨 다니며 안내를
했어요
아, 비로전에 들어 초에 불을 붙이고 향을 피우고 삼배를
올렸어요 한참을 비로자나불과 눈을 맞추고 앉아 있었어요
내 짐작대로 광배 오른쪽에 쪽진 머리를 한 엄마가 있었어요
제 눈에만 그렇게 보이는 줄 알지만 비로자나불 왼쪽 어깨 위
구름을 탄 듯 살포시 앉은 듯 계신 엄마, 엄마였어요
어떤 말로도 표현하기 힘든 마음으로 조용히
가만히 피운 향이 다 사그라지는 것을 기다리며 앉아 있었어요
일렁이던 촛불조차 고요해져 나와 함께 비로자나불 광배를
응시하고 먹먹해진 마음이 되어 봄날 미선나무 향기 모시고
오겠노라 눈으로 말하며 비로전을 나왔어요

비로전 아래 대웅전 옆 감로수가 있는 곳에 갔더니
할머니 한 분이 물이 달다며 내게 표주박을 건네주셔서 감로수를
한 바가지 떠먹고 인사를 드렸지요
대웅전 뜨락을 거닐던 아들인 듯 보이는 남자가 다가와 할머니
어깨를 안고 부축을 하는데 비로전에서 내내 참고 있던 눈물이
왈칵 쏟아졌어요
내가 너무나 하고 싶은 일이었고 정말 부러운 풍경이었어요

엄마,
괴산 각연사 비로자나불을 만나고 왔습니다
절집 기왓장 불사에 하얀색 매직으로 엄마와 아버지의 이름을
썼어요
세로로 이름을 쓰고 가로로 극락왕생이라고 썼어요
다른 이들이 쓴 글귀가 다양했어요
왜 그랬을까요

우리의 관계를 생각합니다
열세 살
이후로 우리의 관계는 끝난 걸까요 아니면 지금 이 시간까지
이어지고 있는 걸까요

당신을 생각하면 몇 개의 기억이 전부이지요
그런데 참 이상하죠 무엇을 보면 생각나는 당신은 정말 많아요
대부분의 기억이 음식과 식재료인 걸 보면 나는 당신의 딸인 게
분명해요
국이나 김치 나물 생선을 갈무리하던 손길 중 푸릇한 돌나물은
사계절을 아우르는 당신의 솜씨 중 가장 먼저여서 이른 봄부터
여름 깊도록 무성한 돌나물을 만날 때마다 당신 생각에 코끝이
찡찡해오지요

사는 내내 고단했을 당신
혹시라도 다음 생이 있다면 우리는 또 만나리라 생각해요
반대의 경우가 될지 모르겠지만 아니 그대로의 관계이길 나는
원한답니다

그날 엄마는 울었다

꽃 빛 만발하던 보광사 뒤뜰
여전히 쪽진 머리
단장斷腸의 한으로 멍든 몸

가슴에 사무친 관세음보살

아이는 돌아오지 못하는데
사진으로 남은 아들을 저고리 섶 안쪽 깊숙이 품고
백팔 배로 외우는 극락왕생

그 뜻을 모르는 내가
극락왕생 극락왕생 노래를 부르자
나들이를 타박 놓던 남편

봄날,
수돗가에 주저앉아
엄마가 울었다

종이꽃을 입에 물고 놀다 입술이 빨개진 나도
주저앉아 함께 울었던 초파일 저녁

_ 계간《문학들》67호, 2022년 봄호

돌 틈에서 자라나는 돌나물
대문 양쪽 기둥 위에 심어놓으면 줄줄이 아래로 아래로 땅을
향해 제 식구를 불려 내려가는 나물
요즘 유행인 다육이처럼 돌나물도 끊어 옮겨 심으면
새끼를 치는 식물인데, 열을 식히는 데 탁월하고 칼슘이
우유보다 배가 넘으며 여름 과일 수박보다 수분 함량이 더
높다고 한다
말려서 차로 마시면 해열과 해독에 탁월하고 생즙은 간에 좋다고
하니 우리 산하에 나는 나물 중 단연코 으뜸이라 할 수 있겠다
6월이면 노란색 꽃이 피는데 꽃이 예뻐 꽃을 보려고 목련나무
아래 화단 한쪽 끝에 키우기도 했다

돌나물은 봄과 여름에 주로 먹었는데 요즘은 하우스 재배로
사시사철 나온다
식당에 가면 사이드 메뉴 샐러드로 많이 나오고 얼갈이와 섞어
김치를 담그기도 한다
나는 야생 돌나물을 캐서 엄마식으로 물김치를 담가 먹는다
가슴이 답답하거나 열이 오를 때 안성맞춤인 돌나물 물김치
월문리 텃밭 주변에 많아 한 바구니 캐 오면 김치통 큰 통으로
한 통을 만들 수 있다

다정다감 레시피

자, 만들어볼게요

돌나물 한 근 600그램을 물에 식초 서너 방울 넣어 10분간 담아 두었다가 흐르는 물에 씻은 후 바구니에 담아 물기를 충분히 뺍니다
물기가 빠지는 동안 찹쌀풀을 쒀요(감자를 한 알 삶아 으깨 넣어도 좋아요)
무 중간 크기 한 개를 나박 썰기로 썰어(수박무가 있으면 좋아요 색깔이 이쁘거든요) 생수 3리터에 천일염 두 숟가락, 액젓 한 숟가락 넣고 섞어줍니다

고춧가루 반 컵(고춧가루 없이 맑게 만들어도 나름 맛있어요)
다진 마늘 두 숟가락, 다진 생강 반 숟가락, 풋고추 다섯 개, 홍고추 세 개, 쪽파 1/4단, 매실청 두 숟가락
고추와 쪽파는 길이를 너무 길지 않게 돌나물 길이보다 조금 짧게 썰어
소금이 녹은 생수에 양념을 넣고 골고루 섞은 후,
썰어놓은 무와 돌나물을 넣고 골고루 섞이도록 가볍게 저어주세요

봄가을엔 하루면 익고

여름엔 반나절이면 익어요

너무 익으면 무는 맛이 있는데 돌나물에서 풀내가 나고 식감이 좋지 않아요

감자옹심이
— 연모

연모가 준 자야 한 봉다리
누구에게도 말할 수 없었던 비밀
이제는 말할 수 있는,

여중 1학년 겨울방학 지금은 뉴저지에 살고 있는 성게 공장집
딸과 중앙시장 난전 팥죽집에서 좁다란 나무의자에 엉덩이를
간신히 붙이고 앉아 새알심은 없는 팥죽을 한 그릇 시키고 빨강
떡볶이를 먹고 있었다
나는 엄마를 잃었고 그 아이는 2년 후 아버지를 잃었다
나는 가난했고 머구리협회 조합장이던 아버지와 성게 공장집
딸인 그 아이는 넉넉했던 터라 얻어먹고 책도 빌려 읽고
만화방에 가게 되면 요즘말로 물주가 되어주었는데, 먹기 싫은

팥죽을 먹으러 가자고 하니 억지 춘향으로 앉아 팥죽을
한 그릇만 시키고 "아오, 매워 뜨거워…" 호들갑을 떨며 떡볶이만
집중 공략을 했다
떡은 굵은 가래떡이어서 개당 돈을 받았고 따로 덜어주지도
않았으며 다 먹고 나서 '몇 개 먹었어요' 하며 계산을 하는
식이었다
팥죽집은 엄마의 단골집이기도 해서 주인할머니와 친했는데
엄마가 돌아가신 걸 알고 계시는지 내 포크가 가는 쪽으로
떡볶이 국물을 자꾸 끼얹어주셨다
꽤 많이 먹었는데 값을 생각보다 덜 치른 듯했지만 내가 돈을
내지 않으니 잠자코 있을 수밖에, 우리 둘은 발랄하게 걸어
만둣집 옆 만화방으로 들어가 코를 박았다
읽은 권수 대로 값을 지불하는데 각자 열 권씩 골라 자리를 잡고
앉아 하나 마나인 누가 빨리 읽나 내기를 했다
늘 내가 이겼다 중고등 시절 나는 활자중독자란 소리를 들을
정도로 무엇이든 읽을거리만 만나면 코를 박고 읽었기 때문에
그 아이보다 서너 권 더 읽어내는 속도였다
집에 있는 언니 오빠의 책과 〈선데이 서울〉을 넘어 친구네 책장
친구네 아버지가 몰래 보시던 도색잡지까지 읽어댔다 그 잡지는
그림 위주였지만,

지금도 걷거나 차를 타고 지나가면서 건물 간판을 읽는다
그 덕에 잘 모르는 곳에 가도 위치 파악을 잘하는 편이다

연모 이야기를 한다는 것이 샛길로 샌 듯하다
연모, 연모는 누구인가?
물음표투성이의 연모는 사시사철 밤색 롱코트를 입고 다니는
키가 제법 큰 남자 어른이다
어릴 적 그는 조금 공포의 대상으로 어떤 말도 하지 않던 그가
가끔 우리가 알아들을 수 없는 외국어를 빠른 속도로 경을
읽듯이 하며 지나가는데, 그 말이 영어였다가 독어였다가
불어였다가 그렇다는 것이다 일어를 하는 것을 들은 아이는
없었다고 했다
초등 저학년 때부터 기억에 있으니 외국어를 모를 때였고
친구들의 언니 오빠가 그렇게 말했다고 했었다
가끔 밤색 코트 안주머니에서 닳고 닳은 콘사이스를 꺼내
한참을 들여다보기도 하던 연모
어른인 그를 어른들도 아이들도 모두 연모야 연모 연모다, 라며
그냥 연모라고 불렀다
어쩌다 마주치면 "연모야, 연모야…" 하고 재빠른 걸음으로
도망치는 게 일이었던 우리,

머리숱은 아주 많아서 덥수룩한데 많이 헝클어져 보이지는
않았고 머리를 감지 않는구나 하게 되는,
생각해보니 1930년대 백석 시인의 외모를 닮은 거 같다
키 크고 훤칠한 지금도 연모의 모습과 얼굴이 기억난다

만화방을 먼저 나온 나는 다시 팥죽집 쪽으로 걸어 좁다란
골목을 지나 시장통을 빠져나오는데 연모가 앞에 딱 서는 것이다
"거짓말쟁이랑 놀지 마!"
"놀지 마!!!"
나는 너무 놀라 순간 얼음이 되었고 더 이상 말을 하지 않는 연모
그리고 주머니에서 부스럭거리며 꺼낸 과자 봉다리를 내밀었고
나는 얼떨결에 그것을 받아 들었다
주머니 속에 얼마나 오래 있었는지 봉지에 쓰인 글자가 거의
다 지워진 채 뜯어지기 일보 직전의 롯데 '자야'를 주고 연모는
표표히 사라졌다
멍하니 연모의 뒷모습을 쳐다보는데 코트 자락이 깃발처럼
펄럭였다

'자야'는 '뽀빠이'가 나온 후 얼마 지나지 않아 나왔고
'뽀빠이'보다 조금 더 비쌌던 거로 기억한다

초등학생 때 먹었던 '자야', 먹지 않은 지 몇 년 된 듯한데
난데없이 낡디낡은 '자야'를 받았으니 그것도 연모에게서…
마음이 너무 복잡했다 친구가 거짓말쟁이라고 놀지 말라니, 그럼
팥죽집 떡볶이 수를 세었단 말인가?? 어디서부터 본 거지??
조금 무섭기도 하고 두렵기도 했던 연모에게 과자를 받았으니
내 마음은 벌건 연탄불 위에 올려진 덜 마른 오징어처럼
쪼그라들었다

그날 저녁 어떤 생각을 했는지 지금은 기억에 없는데 연모가 준
'자야'를 버릴 수도 없었고 먹기는 더 힘들었다
가족들이나 친구들에게 말을 하려니 조금 이상하고 그냥
'자야'를 잊기로 작정했었는지 철재 책상 서랍에 넣고 열쇠를
채웠다

다음 해 여름방학이 끝나갈 무렵 마당 평상에 모여 앉아
올케언니가 끓여 내온 옹심이와 감자떡을 먹는데 조금 늦게 나온
오빠가 내 방 책상 아래 개미가 너무 많다며 소리를 지른다
깔끔쟁이 오빠 눈에 개미가 단체 소풍을 온 게 보였으니 난리가
난 것이다
맛있게 먹던 옹심이, 목구멍을 넘어가려던 뜨거운 옹심이가 걸려

기침을 하며 재빨리 방으로 들어가 개미를 확인하는데 너무 많아 나도 놀랐다
'뭐지 어디서 온 거야? 어디로 가는 거야…' 하며 개미의 행렬을 쫓다 보니 책상 서랍으로 일렬종대 일사불란하게 오르내리는 것이 아닌가
잠긴 서랍이었다! 열쇠를 찾는 데 보이질 않고 초저녁 옹심이로 저녁을 먹던 식구들이 개미난리에 숟가락을 모두 놓고 책상 서랍을 열려고 애를 썼다
열쇠는 결국 나타나지 않았고 망치로 서랍을 두드려 깨서 빼냈는데 그 속에 말라 바스러진 '자야'와 설탕뽑기로 뽑은 '권총'이 녹아 범벅이 되어 있었다(내게는 약간의 저장강박증이 있는데 그때 벌써 그 증상이 시작된 거로?)
보통 우스갯소리로 하는 "난리난리 이런 난리는 없을 거야 전쟁 때 난리는 난리도 아냐" 식으로 엄청난 난리가 났고
이후 내용은 생략한다
너무 곤혹스러웠던 저녁이었다

옹심이를 먹을 때면 가끔 그 여름 저녁의 난리가 생각나고 '자야'가 떠오르고 '연모'는 어찌 되었을까에 이른다

친한 선배가 감자 농사를 지었다며 큰 상자로 감자를 보내왔다
그런데 감자알이 어찌나 굵은지 놀라서 감사 전화를 했더니
평상시 나의 주장이 "뭐든 커야 맛이 있어요 특히 생선은
큰 게 맛있어요" 그걸 기억했노라며 큰 거 좋아한다길래 엄청 큰
알로 골라 담았다고 한다
웃음이 나왔다
"감자알이 굵은 게 좋은 건 사실인 걸요
이렇게 굵은 알로는 감자를 갈아 옹심이를 해 먹으면 너무
좋아요
손안에 꽉 차게 잡혀 깎기 편하고 갈기 편하고 전분도 많아
두루두루 좋아요"
시장이나 마트에서는 사기 힘든 크기였기에 정말 오랜만에
마음에 꽉 차는 알이 굵은 감자로 옹심이를 해 먹게 되었다는
기쁨에 수다가 늘어졌다

옹심이는 강원도의 대표 음식이라 할 수 있다
대체로 강원 산간 지방에서 많이 먹는데 속초에서도 많이
만들어 먹었다
사람들은 보통 속초하면 바다를 떠올리고 수산업 위주로
생각하는데, 중고등학교 때 환경조사라는 것이 있어 농업 어업

상업 셋으로 나눠 써내라 하면 농업이 80퍼센트 가까이 되었다
어업과 상업이 각각 10퍼센트, 여고 때는 양양 고성에서 유학을
온 친구도 있어 늘 농업이 절대적 우위를 차지했다
지금은 콘도촌으로 변한 설악산 아래 학사평 너른 들이 다
농토였다
공산품을 제외한 모든 먹거리가 자급자족이 가능한 속초였다
산 바다 들녘 호수 모두 있어 자연환경이 완벽한 곳이었는데
관광 1번지가 된 뒤로는 물가가 서울을 앞지른다

옹심이는 전분이 많은 감자로 만들어야 쫀득거림이 좋고(러시아
감자로는 옹심이를 만들기 힘들 거라 생각한다 바이칼호 여행 때 가장
맛있었던 것이 감자와 오이와 토마토였다 감자는 전분기가 없어 국으로도
아주 깔끔했다)
비린 맛이 덜 나는 멸치와 다시마 표고버섯이 육수로 쓰이는데
바다와 산과 들이 어우러져 완벽한 국물 맛을 낸다
누구였더라 수고한 시간은 길고 먹는 시간은 한순간이라고,
맞는 말이다
요즘은 필러가 있어 감자 깎기가 수월해졌다
예전엔 감자를 커다란 함지박에 넣고 물을 부어 껍질이 일어나게
굴린 후 담가 두었다가 숟가락으로 감자 표면을 긁어 껍질을

벗겼다
칼로 깎으면 칼질에 아주 능한 사람을 제외하곤 너무 많은
부분이 껍질에 붙어 깎여 나가기에 아까워서라도 숟가락으로
긁었다
시장이나 설악산 입구 감자전을 파는 집에 가면 숟가락이
칼날처럼 얇아진 걸 볼 수 있었으니 숟가락은 감자전이나
감자옹심이용 감자 껍질을 벗기는 데 유용한 도구였다
지금도 숟가락으로 긁어내는 어르신들이 계신다

🌼 다정다감 레시피

감자옹심이를 만들어볼게요

먼저 감자를 깎아 물에 잠시 담근 후 커다란 그릇 위에 강판을 얹고 감자를 갈아요
강판 아래 보조용 담금 그릇이 끼어 있기도 하나, 갈다 보면 주변에 감자 전분 물이 튀기도 하니 그릇 위에 올려놓고 가는 게 좋아요
갈아놓은 감자를 베 보자기에 넣고 국물을 꼭 짜서

건더기는 다른 그릇에 담고 국물은 2시간쯤 두었다가 전분이 가라앉고 맑은 국물이 보이면 국물을 따라 버립니다
약간 굳은 듯한 전분에 다른 그릇에 있던 갈아놓은 감자 건더기를 넣어 잘 섞어 반죽해요
이때 소금을 아주 조금만 넣어주세요
전분 물이 분리되는 시간에 육수를 만듭니다

재료는 4인 기준(감자 2킬로그램*)
다시마 1/4장, 다시용 멸치 열 마리, 말린 파뿌리 네다섯 개, 표고버섯 네 장, 물 2리터

팬을 달군 후 멸치를 볶아준 다음 위의 재료를 넣고 끓여요

물이 끓기 시작하면 10분간 팔팔 끓인 후 건더기를 건져냅니다

표고버섯은 잘게 썰어 두었다 고명으로 올려요

끓는 육수에 옹심이를 새알심처럼 빚어 넣어요(작은 숟가락으로 뚝 떼어 넣어도 좋고요)

잠겼던 옹심이가 떠오르면 3분쯤 더 끓이고 어슷 썬 대파와 참기름을

- 감자알이 어른 여자 주먹 크기면 3~4개, 어린아이 주먹 크기면 보통 6개 정도가 1킬로그램이다

넣고 간은 소금으로 해요
칼국수를 좋아하면 옹심이를 넣을 때 함께 넣어도 좋아요
단, 생면으로 합니다

모든 음식이 그렇지만 특히 감자옹심이는 한 사람의 수고로 여럿의 입이 즐거운 음식 중 대표선수라 할 수 있다

머위탕
— the song is 얼마 줄까

"아짐 얼마 줄까?
말을 혀봐요
얼마 줄까??
언능 말을 하라니께
이 집 아들이 가끔 나도 모르게 내 지갑을 열고 지전을 꺼내
가는데 요 며칠 내가 지갑을 궁디에 깔고 있었거든
오늘은 돈이 있으니께 내가 밥값을 쬐깐 치르려고
언능 말을 혀봐요"

달게 잡수신 머위탕 뚝배기,
당신 입에 꼭 맞게 끓여내 기분이 좋아지신 아버님의 목소리는
2시간째 현관을 지나 마당에 주저앉아 머윗대 껍질을 벗기고

있는 나를 향해 무한반복의 돌림노래 'the song is 얼마 줄까…'로
나를 호출한다
개다리소반을 앞에 두고 마주 앉아 30여 분 계산을 치르는
의식을 해야만 끝나는 노래

대학 공부시키고 장가보낸 처남에게 투자한 돈을 오랜 세월이
지나도록 돌려받지 못해 속으로만 삼킨 날들이 너무 길었던
아버님
그 스트레스로 뇌출혈로 쓰러지셨고 어떤 장애도 없이 완치되어
우리 모두를 안도하게 하셨다
몇 년 건강하고 무사한 날들이 이어지다 어느 날인가부터
심한 의처증과 과한 집착으로 인한 여러 증상들을 보이셨다
아버님의 증상과 함께 자주 아프기 시작한 어머님,
광주를 오가며 어머님의 간병과 아버님의 불안을 지켜보는 일이
쉽지 않았다
그즈음 계획한 일이 많았던 나는 고민이 깊었으나
먼 길 왕복이 너무 힘들어 두 분을 서울로 모셔 왔고,
내 고집으로 아버님을 공평동에 있는 송수식 신경정신과로
모시고 갔다
예약이 밀려 있었지만 어떻게 수를 내어 **빠른** 시간을 얻어냈다

광주에서부터 아버님이 이상해 보였다 내가 알고 있는 아버님이 아니었다
여러 차례 조심스레 이야기했지만 자식들 모두 우리 아버지가 어떤 사람인데 치매가 왔다는 말을 하냐며 나를 다그쳤었다
'절대 그런 일은 없다! 절대로 우리 아버지는 그럴 리가 없다!'
'절대로 아니다'라고 한 일은 일어나지 않았다
송수식 박사가 혀를 차며 말했다 "딸, 이리 되도록 어떻게 몰랐어! 치매를 3기로 나눈다면 2기의 3기야 바로 3기 코앞!!!"
딸이 아닌 나는 딸처럼 고개를 떨구고 울었다 너무 울어서 아버님이 등을 두드리는 것도 몰랐는데 내 등에 손을 대고 계신 걸 한참 후에야 알았다
정밀검사를 위해 보훈병원으로 병원을 정하고 이런저런 검사를 진행했고 커다란 통 속에 들어가기 싫다 고집하셨던 MRI 결과는 기가 막혔다
뇌 속 해마는 흔적도 없이 지워져 있었다
의처증과 집착으로 인한 폭력이 심하니 정신병동에 일단 입원을 시키는 게 좋겠다는 처방을 받았다
폭력, 그 폭력은 어머니에게 행해진 것이었는데 어머님을 목욕시키면서 알게 된 사실이다
그런데 문제는 입원실이 없고 대기 순서가 6개월이 밀려 있다는

것이었다
6개월! 나는 그 정도는 괜찮다고, 6개월이란 기간이 짧을 거라고
생각했다 입원실이 예상보다 빨리 나올 수 있을 거라고 믿었다

안방을 내어드리고 두 분과 생활을 시작했다
아버님은 의사의 진단이 무색할 정도로 순하게 본래 당신의
다정한 모습대로 어머님을 대하고 꼭 안아주시고(가끔 아침
일찍 문을 열고 들어가다 본 모습) 붓글씨를 쓰겠다며 벼루와 먹을
찾으셨다
당신이 하던 취미를 다시 시작하려는 열의를 보이셨다
아버님의 치매를 잊고 어머님 간병에 집중할 수 있게 하셨는데
그 시간은 오래가지 않았다
내가 없으면 어머님은 괴로우셨고 도통 잠을 주무시지 않으니
아버님의 이상행동이 다시 시작된 것이다

봄날이 잠깐이듯 아버님이 더 심해지려는 순간
어머님은 주무시다 돌아가셨고, 그때부터 아버님은 아들 집이
아니라 어디 다른 곳에서 달방을 살고 있다고 믿기 시작했다
어머님 장례를 치르고 사십구재도 치르고 가을이 막 닥치는데 날
부르는 호칭이 아짐이 되었다

"광주에 가면 애들 엄마가 있는디 언능 거길 가야 하는디 각시가
기다릴 텐디…"
1년가량 이 말을 날마다 들으며 살았다
1년 사이 두 번이나 아버님을 잃어버렸다
광주로 가겠다며 나도 모르는 사이 대문을 열고 나가신 것이다
지금도 그때 생각을 하면 등에 식은땀이 나고 숨이 턱턱
막혀온다

치매 환자랑 사는 일은 날마다 곡예사가 된 듯하기도 하고,
블랙코미디의 주인공이 되기도 하고, 모노드라마의 관객이
되어야 하기도 하고, 스스로 정신줄을 단단히 묶고, 마음을
내려놓고, 감정을 자제하고, 가끔 무색무취로 무념무상의 내가
되어야 했다

어머님이 돌아가시자 아버님의 의처증은 당연히 사라져
안심했는데 매달 진료를 하는 보훈병원 주치의 의견은 달랐다
보통 그 대상이 환자 옆 가장 가까이 있는 사람이 되는데
어머님이 안 계시니 내가 될 거라고 했다
그러나 그런 일은 일어나지 않았다
나는 밥집 아짐이었으므로, 지금 생각해보면 아버님 스스로

나를 보호하려는 어떤 의지의 표현이 '아짐'이었다고 믿어진다
이상하게 '아짐'이라는 호칭이 섭섭하지 않았다 오히려 편했다
길고 힘들었던 시간은 거의 사라지고 우습고 재미있었던 일과
'아짐'이어서 겪은 사건들만 기억에 남아 있다

모나카

'찹쌀로 맹글었다냐
밀가리로 맹글었다냐
거 머시냐 네모나고 쩐덕쩐덕한 폴*이 들어 있는 아그들
주먹만 한 과자 있잖은가
아따, 아짐은 모르나 본디 누구헌티 이바구해야 먹을 수
있는가 아요?'

감나무와 목련나무 가로질러 묶은 빨랫줄에 파자마와
이불을 널고 나무방망이로 신나게 두드리다
마른 눈물을 떼어내 뚝뚝 떨어지는 목련 이파리에 묻혀
두고 들어오면
뽀송하게 마른 낯빛의 어르신이 아짐 아짐 하면서 과자

타령을 했다

나는 며느리이나 아짐이고
어르신은 욕실에서 파자마를 움켜잡고 실랑이를 한 시아
버지인
그 봄엔 왜 그리 실수를 자주 하셨는지
찬장에서 모나카 두 개를 꺼내 마주 앉아
엄마와 아이처럼 모나카 껍질을 벗겨 내며 한 시간 전
실랑이를 지우는
달콤한 팥을 씹노라면

'아짐 맛나요 맛나
아따 요 폴이 참말로 맛나요'

되돌이표로 들려오는 흐뭇한 마음을 들으며 이불 위로
날리는 목련 이파리를 세었다

　　　　　　　　　　　　　　　　　　　　　　기억 9

- 팥의 방언

아버님은 결혼 전 처음 선을 보인 날부터 내겐 너무나 다정하고
우호적이셨다
무엇이든 가리지 않고 잘 드시고 무언가 만들어 상에 올리면
'맛있다 맛나다 고생했다 힘내라' 늘 덕담을 얹으시던 분이다
치매로 인해 며느리인 날 잊고 '아짐'으로 부르셨어도
잘 드셨고(방금 드신 식사를 잊고 또 밥을 달라고 하는 치매의 증상이
잦으셨지만) 드신 음식에 대해서는 칭찬을 아끼지 않으셨다
신혼 초 간식으로 사 간 모나카를 너무 좋아하셔서 꼬박꼬박
챙겼는데 치매 중에도 모나카를 너무 찾으셔서 간식값이 꽤
들었다(우스갯소리다)
특히 갈비탕과 짜장면 낙지 꼬막 갈비찜 명태찜을 좋아하셨는데
여름이면 머위탕을 일순위로 치셨다
아마 몇 날 며칠을 드려도 드셨으리라
거피들깨를 많이 넣은 날은 "깨가 많응께 진하요"라는 말도 잊지
않으셨다

🌸 다정다감 레시피

머위탕을 한번 만들어볼까요

머윗대 한 단, 소고기 양지 또는 사태 한 근, 거피들깻가루 한 공기, 찹쌀가루 한 공기, 참기름 두 숟가락, 국간장 1/4 숟가락(아주 조금, 마늘 대신 간장으로 소고기 잡내를 없애는 방법), 천일염, 물 4리터

튼실한 머윗대를 한 단 사서 삶아 찬물에 헹군 다음 1시간쯤 물에 담갔다가 껍질을 깐 후 적당하게 대를 가르고 숟가락으로 떠먹기 좋은 크기로 썰어놓아요(대략 4센티미터 정도 너무 짧으면 왠지 맛이 덜하게 느껴져요).

소고기를 밥숟가락 크기로 큼지막하게 썹니다

찬물에 30분쯤 담가 핏물을 뺀 후 뜨겁게 달군 국솥에 참기름을 두른 뒤 고기를 넣고 간장을 넣고 달달 볶아요

볶은 고기에 물을 붓고 끓입니다

지키고 서 있다가 끓기 시작하면 고기 거품을 걷어낸 후 10분 끓이고, 머위를 넣고 다시 10분 더 끓여요

고기와 머위가 20분쯤 끓으면 그때 찹쌀가루와 거피들깻가루를 넣고 5분간 끓입니다 이때 눌지 않게 잘 저어주어야 해요

날씨 흐리고 비라도 내리는 날이면
"아짐, 얼마 줄까…"

환청처럼 되돌이표 노래가 들리기도 한다

불쑥 "오늘은 얼마를 주실라고? 얼마 받을까?? 자 계산합시다" 웃으며
대답하는 내가 나를 울리기도 한다

아주 가끔 그리운 풍경이다

광어를 베이스로 한 날치알과
무순을 곁들인 회무침

우리 어디든 훨훨 날아가 보아요

소박한 사랑이 숨쉬는 그곳으로

그대랑 함께 출발하지만 다다를 곳은 다르겠지요

그러나 결국은 한곳임을 잊지 말아요

그토록 원하던 적폐청산이 이뤄지는 나날들일 테니까요

형광등 불빛 희미한 공장 담벼락 밑이거나

파고다공원 뒷길 비릿한 이천 원짜리 해장국집

자울 자울 졸고 있는 어르신 옆자리든

젖은 폐지 잔뜩 실린 손수레 위태로운 비탈이든

아픈 각시를 위해 황금가지를 꺾으러 나무를 타는 남편의 골짜기든

노모를 위해 투망을 던지는 늙은 아들이 있는 섬강 강가에서든

해당화 핀 모래 언덕에 아이들이 동그랗게 앉아

깔깔거리는 그 순간

우리의 꿈이 멋지게 뿌리내릴 걸 믿어요

자 이제 훨훨 날아가 보아요

기억 8

그녀와 내가 혈육처럼 친하게 된 사건이 몇 개 있는데
첫 번째는 노무현 대통령 서거하시고 덕수궁 분향소 분향 후
뒤풀이에서 겪은 일들이 단초가 되어
긴 세월 선배로 부르던 호칭을 버리고 언니라고 부르게 되었고
이후 일련의 정치적 집회를 통해 사상적 일치를 본 후
언니 동생의 날들이 오늘까지 오고 있다
우리는 여러 일 중 그녀가 겪은 일들을 뒤를 이어 내가 따라 하듯
겪어 더 긴밀해지고 술친구로도 잘 어울리게 되었는데
오랜 시간 온라인상의 동인에서 각자 겪어낸 상황은 조금
다르지만 등단 후 정치적 동지로 어깨동무하는 우리,
우스운 농담으로 "너희들 사귀냐?"를 넘어 그해 겨울
촛불광장에선 두 김장군으로 불리게까지 되었는데 들녘 출신인
그녀와 가장 합의가 힘들었던 것이 바다 음식이었다
그녀가 회나 생선을 잘 모르기도 하거니와 특히 회를 먹고
자라지 않아 익숙해지는 데 시간이 조금 걸렸다
내가 육고기에 익숙지 않은 것과 그녀가 회에 익숙지 않은 것이
어찌 보면 같은 맥락이었으므로 우린 어쩌다 외식을 하거나
술이라도 나누게 되면 그녀가 양보하여 고깃집은 덜 가게 되었다

둘이 기가 막히게 맞는 것은 차와 도자기에 대한 사랑이다

나는 한때 분청에 미쳐 수집을 하느라 가마를 찾아다닐 정도로
다완과 찻잔에 집착했는데 친해지고 나니 그녀도 나와 같았던
것이다
시어른을 모시고 살게 되면서 속칭 집순이가 되어 수집을
멈췄으나 그녀는 지금도 찻잔을 모으고 있다
우리는 누군가의 작품을 보는 눈도 비슷했고 만나는 일이
잦아질수록 사람에 대한 생각이나 역사의식, 좋고 싫은 것에
대한 의사 표현이 너무 같아서 이야기를 시작하면 끝을 낼 수가
없는 시간들도 많았다
서로 주장이 달라 밤을 세워가며 토론을 한 적도 있지만
대체적으로 서로에게 자신의 의견을 강요하지 않고 때로는
심드렁 모른 척하며 서로를 내버려 두기도 한다

장이 제 기능을 상실한 어머님이 자주 입원과 퇴원을 반복하시니
내가 결단을 내릴 수밖에 없었다
광주에서 두 분을 모셔 왔고 서울로 온 어머님은 아버님 치매
판정 4개월쯤 후 주무시다 돌아가셨다
처음엔 솔직히 어머님 목욕도 안 시키고 배변 빨래도 안 하니
너무 좋았다
시간이 지날수록 어머님이 아버님을 떠맡기고 훨훨 날아가신

거라며 어머님을 원망도 했고 아버님을 케어하느라 우는 날이
많았다
왜 요양원으로 모시지 않았는지 지금 같으면 절대 못 할 일을 했다

어쩌다 너무 힘들어 사라지고 싶어, 하며 울면
그럴 때마다 그녀가 한 말
"네가 할 수 있는 만큼 해 지금처럼 잘하면 돼, 잘해드려! 내가
해보니 사랑땜이 끝나야 돌아가시더라"
"힘내라고 말 안 할게, 울고 싶으면 펑펑 울어"
"아이 어쩐다냐, 술 마시자 언능 와"
어쩌다 아버님이 일찍 주무시는 날이 오면 위로받으러 날아가곤
했다
밤 11시 넘은 내부순환로는 신도림까지의 거리를 왕복 40분에
다니게 해주는 은인이었다

기억을 갉는 기억

아침이면 갉아먹은 잇자국으로
다이얼비누가 무서움에 떨고 있었다

서생원은

비누와 달리아 구근을 감쪽같이 먹어치우고

시침을 떼고 제집으로 가 버린 뒤

비누단속을 하지 않은 언니는 혼이 났고

우리는 쥐가 미웠다

월급쟁이 시절엔

수많은 흰쥐들이 연구실을 죽어나갔다

때로는 밤새 태어난 어린 쥐들을 섞어놓고

母性을 확인하는 재미도 있었다

쥐는 자취방 연탄아궁이 앞에

섬뜩 나타나기도 했다

지금도 나는 쥐와 산다

땅끝에서 온 고구마가 쌓여 있고

마당에 심은 감나무에서 가끔 감도 떨어진다

그러나 쥐들은 거들떠보지도 않는다

다만 늙은 아버지의 기억을 갉아먹을 뿐이다

_ b판시선 024 《세상 모든 사랑은 붉어라》 中에서

가끔 그런 이야기를 한다
'아버님이 너무 오래 사실 거 같아 등단을 했어요
숨구멍이 필요했거든요'
아, 너무나 죄송한 이야기다
사실이기도 하고 그땐 그랬다 7년이란 시간은 참으로 길었고
나는 점점 아버님이 미워지려고 했다
그때마다 위로와 칭찬을 아끼지 않았던 그녀
내가 만든 음식은 무엇이든 맛있다며 엄지 척을 들어 보이는 사람
그녀의 아들까지 내 만능간장에 대한 애정 표현을 넘치게 해주니
고래도 춤추게 한다는 칭찬이 내게도 맞춤형으로 적용된 것이다

그녀와 만들어 먹은 요리 중 그녀가 웃으며 말하는 "사돈에게
대접해야 할 요리"가
'광어를 베이스로 한 무순과 날치알을 곁들인 회무침'이다
둘이 횟집을 가기도 해장국집을 가기도 했지만 주로 신도림역
이마트에서 눈썹이 휘날릴 정도로 빠르게 장을 봐 만들어 먹었다
나의 평소 주장이 '내가 만들지 못하는 음식만
사 먹는다'여서이기도 하지만 대부분 너무 늦은 시간이고 자주
치매 환자인 아버님과의 일로 눈물바람을 하기도 해서,
그녀의 집이 편한 주점으로 서너 시간 변신하는 것이다

기꺼이 주점으로 방을 내어주니 열심히 요리해 빠르게 먹고 한숨
쉬며 울고 다시 정신을 가다듬고 내부순환로를 달려 돌아왔다

아버님은 내 계산과 달리(우스운 이야기지만 집안 어르신들의 수명을
평균치로 계산해봤었다 평균 91.2세였다)
담낭에 생긴 종양으로 수술을 했고 결국엔 열흘이 넘는 금식과
항생제와 엄청난 양의 약과의 싸움에서 패하셨고 돌아가셨다
치매로 죽는 사람은 없다,가 맞는 말임을 확인시켜주셨다

이마트 광어는 대광어를 잡아 소분하여 파는 관계로 육질도
좋고 나름 신선했다
그래도 나는 수족관에서 바로 꺼내 잡아주는 게 아니므로 그냥
먹을 수가 없었다
식재료에 대한 의심이 발동한 것이다
언젠가 신라호텔 스시집에서 사이드 메뉴로 먹었던 기억을 꺼내
재료를 더해 살짝 무쳤는데 그녀가 너무 맛있어했다
"야 명지야 최고다! 최고, 어쩜 이렇게 고급지고 게미*가 있냐!

- 게미는 전라도 말로 음식의 맛이 깊고 깔끔하여 입에 착착 붙는다는 의미로
  쓰는 단어다

진짜 이 요리는…" 하면서 아직 생기지도 않았고 언제 생길지도
모르는 없는 사돈 타령을 하며 웃게 했다
이후 우리 둘의 메인 메뉴에 오른 요리,
광어를 베이스로 한 날치알과 무순을 곁들인 회무침
가끔 베이스가 광어인 거냐 날치알인 거냐로 우스운 농담을
하기도 한다

다정다감 레시피

재료는 이렇게 준비해요

마트에서 파는 광어도 좋고 횟집에서 파는 광어도 좋아요
우럭으로도 좋고 연어로도 가능하답니다
광어 1킬로그램 기준
무순 두 팩, 날치알 200그램, 마늘, 고추, 천일염 약간

넓은 볼에 광어를 담고 레몬즙을 살짝 뿌려 둡니다
마늘은 가늘게 채를 썰어 얹어요
고추는 매운 게 싫은 분은 일반 고추로 가늘고 길게 채를 썰어 얹고,
제 경우는 청양고추로 채를 썰어 얹고
날치알과 무순과 천일염을 넣고 가볍게 버무려 무쳐요
아주 쉬워요

접시에 예쁘게 담고 고명으로 깨소금 조금 뿌려주면 사돈에게 대접할 요리가 완성되는 거죠

메인 요리로 먹으면 2인
다른 음식이 있으면 4인 정도의 양이 된답니다

음식을 만들때 시가 온다

절인 도루묵찌개
— 갸륵한 찌개

방파제 끝 등대가 희미한 날이 잦아지면 안개의 계절이 되었다는 신호였다
웅장한 설악산 아래 깃들어 사는 사람들, 너나없이 먹을 것이 귀했던 어린 시절 바다가 내어주는 생선 중에 도루묵이 있었다
안개와 함께 은빛 몸을 뽐내던 도루묵은 11월 초부터 산란을 위해 연근해로 몰려오는데, 그 수가 너무 많아 초등학교 앞 문방구에서 탁구공만 한 도루묵 알을 삶아 10원에 몇 개 하는 식으로 팔기까지 했다
껌 대신 도루묵 알을 씹으며 친구들과 메뚜기도 치고 다방구도 하고 알 껍질을 누가 멀리 뱉나 시합을 하기도 했다

바다에 나가 고기를 잡는 집이라면 집집마다 드럼통 두어 개

마당 한쪽에 모셔 두고 살던 시절이었다
생선은 넘쳤으나 소금 값이 아까워 절이지 못하는 집들이 있을
정도로 도루묵절임은 흔하디흔해 입에 지겨운 음식의 대명사일
정도였다
너무나 알뜰살뜰했던 엄마는 다른 집의 두 배는 절여서 우리
사남매는 도루묵의 도만 들어도 진저리를 칠 정도였으니
오랫동안 도루묵이 먹고 싶다는 생각을 하지 않고 살았다
겨울엔 생물로 구워 먹고, 조려 먹고, 말려서 조려 먹고, 봄을
지나 여름이 오도록 절여진 도루묵을 사나흘 물에 불려 짠맛을
빼내 장맛비 내리던 날들까지 먹었던 절인 도루묵찌개

입덧이 심해 물도 마시기 힘들던 때가 있었다
무엇도 넘길 수 없었고 어쩌다 먹으면 뒤돌아 토하기를 그야말로
밥 먹듯이 했다
내게 깃든 생명은 너무나 집요하게 모든 음식과 음료를 거부하며
내 몸의 피와 살을 덜어내고 있었는데, 잇몸이 빨갛게 붓고
심지어 피가 나며 흔들렸고 걸음을 걷기조차 힘든 상태가 되어
입원을 강요받는 상황에까지 이르렀다

하늘이 파란 날들보다 노란 날들이 많았고 물에서 나는

흙냄새는 흡사 오수와 닮은 듯 느껴지기까지 했으니, 오히려
흔하디흔한 소독약 냄새가 났으면 좋겠다는 생각을 할 정도였다
의사는 몸 상태가 심각하고 치아의 철분까지 모두 태아에게 가고
있어 더 이상 입원을 늦추면 안 된다며 입원을 강요했고 수액을
먼저 맞자고 했다

지워진 기억들이 많이 있다
수액을 맞고 나서 입원을 했어야 했다
세월이 많이 흘렀음에도 그날을 생각하면 늑골을 휩쓸고 다니는
샛바람이 온몸을 훑고 입안에 모래바람을 가져온다
모래알은 입안 구석구석에 박혀 침조차 삼키기 힘들게 하고
목울대를 움켜잡은 모랫더미로 며칠 밭은기침을 하게도 한다

나를 떠난 아이는 무서우리만치 놀라운 식욕을 보냈는데 먹지
않던 순댓국과 까맣게 잊고 지냈던 진저리치게 싫었던 그 옛날의
음식인 절인 도루묵조림을 먹고 싶어 몸살을 하게 했다
봄장마에 세상은 온통 젖어 있는데 어디서 어떻게 절인
도루묵을 구한단 말인가
바다에서 종적을 감춘 지 오래인 도루묵, 한겨울에도 잡히지
않아 하늘의 별 따기인지도 오래여서 금도루묵 소리를 하던 때,

봄이 끝나가는 마당에 난데없는 절인 도루묵 찾기는 난감한
일이었다

지루한 장마
포구에 갇힌 배 위 날개 젖은 갈매기 몇 마리 졸고 있을 때
겨우내 소금에 절여진 도루묵 반 두름쯤 꺼내 밤새 쌀뜨물에
불려놨던 엄마
한쪽 귀퉁이는 찌그러져 울퉁불퉁한 양은냄비에
물비린내 잔뜩 머금은 여름 무 반 개 숭덩숭덩 썰어 깔고
쭈글쭈글하던 몸을 곱게 편 도루묵을 얹고
칼등으로 탁탁 두들긴 다진 마늘 한 숟가락 넣고
냄비 절반가량 물을 붓고 곤로에 얹어 끓이다
국물이 절반으로 줄면 불을 끄고 고춧가루 살짝 뿌려주셨던

한겨울 딸기를 찾아다녔던 전설 따라 삼천리의 효녀 효자처럼
도루묵 구하기에 나선 남편
그만두라 이야기했지만, 그것은 입의 말이고 마음은
'정말 구해 올지도 모르지…' 하며 내심 기대를 하는 것이다
기억은 흐릿하지만 병원에서 시킨 대로 누워 억지 환자 노릇을
사나흘쯤 했던 것 같다

금요일 퇴근길에 종이 쇼핑백을 들고 들어온 남편, 비린내가
확 끼쳐 욕지기가 올라오는데 감추고 억지로 환하게 웃으며
건네주는 쇼핑백을 받아 들었다
"도루묵이야 두 마리씩 두 팩이 있더라구, 내가 판매원에게 물어
봤어"
"진짜예요…진짜 도루묵…그런데 왜…"
왜 다른 냄새가 나느냐고 물을 수가 없었다
세월이 20년 하고도 한참 지났는데 그는 아직도 그날 자신이 사
온 생선이 도루묵이라 믿고 있다
백화점이라 다 있는 거라며 일본사람 많이 드나드는 소공동
롯데에서 있었다고 확신 또 확신하고
그날 사 온 생선이 조기인 줄 모르는 남편이다

갸륵한 찌개

생물 조기 네 마리를 소금에 묻었다
자고 일어나 밥을 안치며 받아 두었던 쌀뜨물에 소금을
걸어낸 조기를 담갔다
엄마가 끓여주던 식으로 끓였다

맑은 조기탕이 되었다
많이 짜서
나 혼자 먹었다

도루묵이라 믿었다
식욕이 돌아왔다
남편이 웃었다

　　　　　　　　　　　　　　　기억 3

다정다감 레시피

글 속에 절인 도루묵찌개 레시피가 거론이 되었죠

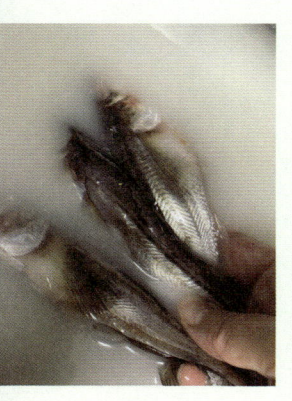

도루묵이 많이 나는 초겨울 두어 두름 생선 무게의 1/3 천일염에 버무려 김치냉장고나 냉장고 신선 칸에 저장합니다
잔뜩 흐린 날이나 입맛 없을 때 쌀뜨물에 이틀 정도 불려요
무를 얇게 저며 깔고 도루묵을 얹고 다진 마늘 올리고 물 붓고 폭폭 끓이면 된답니다
간이 잔뜩 들어 속살이 불그스레 짭짤한 도루묵 살을 발라 뜨거운 쌀밥에 올려 먹는 거예요
곁들이로 심심하게 무친 숙주나물이나 애호박나물이 있으면 금상첨화겠죠
한정식집이나 맛있다 소문난 밥집에 가면 보리굴비 정식이 있는데요
어찌 보면 깊은 맛은 다르지만 비슷한 경우라 생각해요
보리굴비는 쌀뜨물에 불려 찐 다음 살을 발라 녹차 물에 말은 밥에 굴비 살을 올려 먹는 거고요

절인 도루묵찌개는 비 출출 내리는 여름이 제격이다
이제는 찹찹한 맛의 보리굴비를 더 선호하게 되었지만
겨울이 오면 도루묵 서너 두름 절여 저장해야겠다

제철 도루묵찌개의 맛은 더할 나위 없이 맛있어 겨울이 오기도 전부터
많이 그리운 음식이다

다정다감 레시피

도루묵조림을 만들어볼까요

도루묵에 얽힌 이야기는 다들 아실 테고(원래 이름이 묵,이었는데 '도루 물려라' 해서 도루묵이 되었다는 변덕쟁이 선조의 일화)
함경도 쪽에서 남하하신 어른들이 식해로 많이 만들었던 생선이죠
이북 음식으로 대표적인 식해의 주재료였어요(해때기와 함께)
다른 생선들처럼 생물을 구이로 조림으로 또 꾸덕하게 말려서 튀기거나 조림으로 가능한데 중요한 것이 알의 상태예요
알 사이를 묶는 역할을 하는 진이 있는데 어려선 '코'가 늘어진다고 했어요
산란을 앞둔 입동 무렵의 알이 가장 맛있어서 그때 굽거나 조리면 알의 진이 찌익 늘어나고 부드러워 씹지도 않았는데 목젖을 타고 후루룩 그대로 꿀꺽 넘어가게 되죠
알이 질겨지기 전이 가장 맛이 좋고요, 조금 질겨져도 나름 맛이 있다고도 한답니다

도루묵은 살이 너무 부드러워 지느러미를 자르면 끓으면서 살이 터지는 일이 많아 흐르는 물에 통째로 씻어서 조리하는 게 좋아요
이때 조심해야 하는 것이 도루묵 머리 쪽이에요
머리 쪽 가시가 억세 손가락을 찌르기도 한답니다

도루묵 열 마리 기준으로

무 1/4을 3~4밀리미터 정도 두께로 나박 썰어 전골팬에 깔아줍니다

도루묵을 얹고

물 한 대접에 간장 세 숟가락, 다진 마늘 반 숟가락, 어슷 썬 청양고추 두 개, 고춧가루 한 숟가락, 매실청 반 숟가락 섞어주세요

도루묵 위에 골고루 끼얹고 끓여요

10분쯤 끓인 후 어슷 썬 대파 반 뿌리 올려주시고, 3분 후 불을 끄면 도루묵조림 완성입니다

가을

내가 너를 사랑한다

메밀국죽
— 정선

내게 정선은 시리고 아픈 곳이었다
영월 마차나 정선 어느 골짜기에서 머리 틀어 올리고 강냉이밥과 취나물에 막장찌개
어쩌다 아버지가 보내주는 바다를 숯불에 구워 절대 술은 안 되는 남자와 밥을 먹고 긴 밤을 나눌 뻔했던,
민둥산에 함께 올랐던 함백 출신 정선이와의 추억으로 가슴 시린,
정암사 수마노탑을 돌고 또 돌며 기원한 사연들
지금은 기억조차 흐릿한 옛사람의 그늘을 좇아 오른 만항재
색을 잃은 야생화 몇몇 안개 속 바람에 휘날려 제 몸을 흩날리고
화절령을 향해 등산 스틱을 힘차게 내딛는 여럿 속에서 안간힘을 쓰며 쫓아 내려가던 마음

수평을 찾아 또는 수직의 직조 가장자리 한구석에 웅크리고
있다 굳어버린 추억들이 있다
이제는 기억하지도 누구도 짐작하지 못하는 나만의 흔적
정선, 이라고 발음을 하면 가슴 저릿한 무엇이 있다
친구 정선이가 세상을 떠났고 치매의 끝을 달리는 아버님을
핑계로 10년 세월 정선을 잊고 살았다

정선아리랑 문학축전에 참석하려고 청량리에서 정선행 아리랑
열차를 탔다
청량리를 출발해 제천 영월 예미 민둥산 별어곡 선평 정선에
닿는 동안 굳어질 대로 굳어져 깨질 것 같지 않던 것들이 기차의
정차와 출발이 되풀이되자 슬금슬금 되살아나 창밖에 시선을
고정한 두 눈이 흐려지고야 말았다

행사를 마치고 강 선배의 집이 있는 단임골에 들었는데
말 그대로 붉은 숲! 너무나 아름답고 숲의 기운이 꽉 차 있는
곳이었다
마냥 아득한 곳이었던 정선이 어느 순간 따뜻하게 다가와 그곳의
모든 것이 나와 어울리게 된다 느껴졌다
그 중심에는 정 깊은 강 선배 부부가 있었고 단임골을 떠나

선배의 탯자리인 덕산기로 옮겨 숲속책방 '나와 나타샤와 책 읽는 고양이'를 열면서 덕산기에 깃들어 사는 여러 사람이 내 친구인양 정이 들게 되었다
그곳은 또 다른 안식처처럼 내게 위안을 주고 휴식을 주는 속초와도 같다 느껴져서 아버지에게 다녀오는 길에도 들르고, 몇 번의 문학 행사에 빠지지 않고 참석해 일손을 돕기도 하고, 평창동계올림픽을 앞두고 정선 음식 소개하는 행사에서 감히 요리를 선보이게도 되었다

문학인과 함께하는 정선 대표음식 시식 콘서트
-대한민국 문학, 정선을 맛보고 쓰다!-

격에 맞는 요리사가 있겠지만 요리하는 시인이라는 별호 때문인지
요리사의 레시피대로 문학인이 만든 음식이란 코너를 맡게 되었다
정선 음식 10선이라는 소책자를 받아 들고
무얼 만들까 고민하다 정한 음식은 더덕보쌈이었다
보편적으로 알려진 보쌈과 다른 더덕보쌈이라니 그 맛이 어떨지 많이 궁금했는데

서울에서 레시피대로 만들어 시식을 한 결과 약간의 자신감이
생겨 진행하게 되었다

더덕으로 샐러드를 만들어본 적이 없어 당황했으나
정선 더덕의 맛을 어떻게 살리느냐가 중요해 부추와의 비율이
제일 신경 쓰였다
김수진 원장의 레시피는 국제적으로 외국인 입맛도 고려했는지
땅콩가루를 넣고 달고 신맛이 강한 매실청을 사용하는 것으로
꾸몄는데
나는 무속무침에 땅콩가루를 뺐다
시식 현장에서 무칠 여건이 못 돼 미리 무쳐 가야 했으므로
(알레르기를 유발할 수도 있고 바로 버무리지 않으면 눅눅한 기름 맛이
겉돌아 불쾌한 맛이 나기도 하기 때문이다)
개인적으로 해물을 다룬 음식이 아니면 매실청을 쓰지 않는다
정선 덕산기 계곡 숲속책방 '나와 나타샤와 책 읽는 고양이'에서
만들어 쓰는 산야초 효소를 썼다
암퇘지 생삼겹을 삶을 땐
계곡의 바람과 덕산기의 파란 하늘이 주는 기운을 모아
백일홍 활짝 핀 뒤란에서
한여름 햇살을 받고 설레며 씨앗을 만들었던 해바라기 대를

불쏘시개로 삼아 구수하게 삶아냈다

더덕보쌈은
생각보다 손이 많이 가는 음식이었는데
더덕의 맛과 향을 고스란히 지키며 가늘게 써는 일이 제일
까다롭고 난도가 높은 요리라 할 수 있다

콘서트 시작 전 시식 행사에 길게 늘어선 줄과
나름 맛있다며 더 먹을 수 있냐고 접시를 내민 손들이 고마웠던
더덕보쌈 만들기!

정선의 보물
정선 오일장에서 구한 더덕과 부추
마장동에서 공수해온 암퇘지 삼겹살을 삶던 가마솥과
타닥거리던 불 속으로 들어간 정선의 기운이
맛의 비법이었다

할 수 있는 요리가 있고 전혀 모르는 요리가 있다
신기하게 한번 먹어본 음식은 그 맛이 뇌에 정확히 입력되어
같은 재료가 있거나 비슷한 재료만 있어도 만드는 재주(?)가 내게

있다고 한다
할 수 있는 요리는 열심히 하고, 모르는 요리는 하지 않고, 먹어본 요리는 반드시 해본다
요리라는 말이 어울리는지 모르겠다 하여간 지나친 말인지 모르겠으나 해야지 하는 요리, 하고 싶어 하는 요리, 해달라는 요리 다 된다고 감히 말한다
왜 이렇게 장황하게 이야기를 하냐면 더덕보쌈과 메밀국죽이 그러하기 때문이다
위의 더덕보쌈은 유명한 요리사의 레시피를 변형한 것이고, 메밀국죽은 말로만 듣다가 은혜식당에서 처음 먹어보고 그 맛을 확인했기 때문이다

은혜식당

하루에 두 번 기차가 서는
정선역 앞에 가면
메밀국죽을 끓여 내는 은혜식당이 있다

메밀국죽 시키며 메밀국이 아니네요라고 말을 건네면

메밀죽도 아니라요
카드 안 되고 현금입니다 라고 대답하는 어머님이 계시는

구십도로 굽은 허리가 안스러워
무얼 해달라 부탁하기가 미안한 마음
이런 저런 농을 건네면
아욱을 넣어 끓이는 게 제일 맛있다고
살면 을매나 산다고 다 늙어 허리병을 고치겠냐고
이웃집 여든 할멈 허리 수술 후 늙은 영감이 밥상을 차려 낸다고
혀를 끌끌 차시며
난 수술 안 할 거야 하신다
잘 쪄서
잘 깎아내
또랑또랑한 메밀이
구수한 된장 풀어 맑은 탕에
남해 어디쯤에서 살다 온 멸치와 만나는 그 지점
아욱도 좋아라
시금치도 좋아라
여린 열무와 어린 얼갈이도 좋은

단 취나물과 곤드레는 아닌

한 입
두 입
후루룩 들고 마시다 보면
지난 밤 아라리 타령 속 얄미운 서방이 잠시 용서가 되는 맛

어디간들 이 맛을 느끼랴
하루에 딱 두 번 기차가 서는 정선역
그 앞
은혜식당에 가야만 은혜로운 메밀국죽을 만나나니
지상의 외롭고 고단하고 때때로 쓸쓸한 사람은 정선행
기차를 타시라

_ b판시선 024 《세상 모든 사랑은 붉어라》 中에서

정선에서 메밀국죽을 파는 곳이 많지 않다
오래된 향토음식임에도 찐 메밀을 구하기가 어려워서인 듯하다
메밀쌀을 구하느라 애를 먹었었다

정선 오일장에 갔는데 여기서 판다 저기서 판다 저기 저쪽으로
가 봐라, 주문해야 구할 수 있을 정도였다
그것도 한 말 기준으로 주문을 해야 한다고 하니 정말
난감했는데 장터 안쪽 메밀국죽을 파는 집에서 안타까워
보였는지 두 되를 팔아서 사 왔었다

3년 전 가을 정선아리랑 문학축전 후 덕산기 숲속책방에서
뒤풀이를 했다
행사 후 재빨리 들어와 준비한 음식을 나누며 와자지껄
흥겨웠는데 이런저런 맛난 음식이 많았음에도 메밀국죽의
인기가 정말 좋았다
책방 안주인 유진아 작가 언니와 힘을 합해 끓였는데 솔직히
은혜식당 메밀국죽보다 더 맛있었다
많은 사람들의 엄지 척을 보면서 언니와 나는 무척 행복했다

다정다감 레시피

위의 시 속에 메밀국죽의 재료가 다 나왔어요

메밀을 껍질째 쪄서 말린 후 도정한 메밀쌀, 다시용 멸치, 아욱 또는 시금치, 그도 저도 없으면 얼갈이나 어린 열무, 두부 1/4모, 된장, 다진 마늘, 청양고추 약간, 대파도 약간

4인 기준으로 메밀쌀을 손바닥 오므려 둘 반(조금 원시적인 계량이나 이렇게 해요 계량컵으로 두 컵 정도 될 듯한데요 작은 공기로 두 개 조금 안 되게, 아 조금 어려운가?)
두어 시간 불려요
멸치 한 움큼(계속 원시적으로, 옛날 어머니들 계량이 이랬죠), 아욱 큰 단 한 단(마트에서 파는 단은 너무 적어요 마트에서 사면 두 단), 된장 세 숟가락, 다진 마늘 두 숟가락

멸치를 넣고 10분쯤 팔팔 끓이다가 건져내고 된장과 불린 메밀쌀을 넣고 끓여요
쌀이 어느 정도 퍼지면 아욱과 마늘과 고추를 넣고 메밀쌀이 완전히 퍼지도록 끓여줘요

이때 한 숟가락 떠서 먹어보고 이에 걸리지 않는다 싶으면 납작하게 썬 두부와 대파를 넣고 한소끔 더 끓이고 불을 끄면 된답니다

된장과 아욱과 멸치가 어우러지면서 구수한 국물을 내는데 여기에 찐 메밀쌀의 전분이 풀리면서 서로에게 시원해져라 시원해져라 덕담을 섞는지,
해장국으로 으뜸이라 하겠다

가을

시래기 된장, 시래깃국 또는 시락국
— 기도

두 팔로 지긋이 등을 훑어 안아주는 듯한 해질녘 초가을 나른한
햇살, 이제껏 한 번도 경험해보지 못한 백허그를 당하는 듯
아찔하여 잠시 중심을 잃고 출렁거리는 햇살을 받아 반짝거리며
빨갛고 노랗게 물드는 벚나무 아래 가만히 앉았다 일어나
다시 걷는다
안개 무성하던 아침부터 금빛을 넘어 붉어지는 물길에 실려
하류로 내려가던 오늘은 하루만큼의 행과 불행을 모래톱에
부려놓는다
물결의 갈피마다 숨어 있던 어제는 되돌릴 수 없는 슬픔과
고통은 지우라고 위로하고 나는 되도록 천천히 걸어 언덕을
내려가며
사금파리를 줍는 아이처럼 구겨진 마음과 기댈 곳 찾지 못해

시리기만 했던 등에 꽂히는 햇살에 고개를 끄덕이며 감사한다

이제껏 살아오면서 한 기도는 얼마나 될까
최초의 기도는 무엇이었나
기도가 이뤄지기는 했나
아, 그럼 그 기도는 무엇이었나
터무니없이 많은 기도로 갈 곳을 잃은 기도는 얼마나 많았을까

최초의 기도가 무엇이었나 생각을 하고 또 하고 내 기억의 창고를 열어 이곳저곳 훑어본다
그래, 최초의 기도는 학교에 들어가기 전이었다
겨울 연탄가스를 마시고 기절했다가 엄마가 준 김칫국물을
마시고 누워 있었다 엄마도 연탄가스를 마신 상태였는데
비틀거리며 마당으로 나갔고 마침 그때 갑바* 차림의 아버지가
들어와 뱃머리에 나오지 않은 엄마를 타박하는 고함 소리에
놀라 울었다
이불 속에서 훌쩍이다가 한 기도가 최초의 기도였다

* 갑바는 바닷가에서 쓰는 말로, 두꺼운 고무재질로 만들어진 작업복을 가리킨다

'엄마가 울지 않게 해주세요! 아버지가 화내지 않게 해주세요'
나는 울면서 엄마가 울까 봐 기도했다

내 기억에 엄마는 자주 울었다 코를 팽 푸는 소리는 엄마가
울음을 삼키고 남은 눈물을 정리하는 행동이었다
어렴풋이 엄마가 왜 우는지 알았지만 엄마 돌아가시고 유품을
정리하면서 그 울음의 근원이 죽은 작은오빠 때문인 걸 알았다
나는 본 적 없는 작은오빠 명석, 자식이 죽은 것이 엄마 탓인양
엄마를 다그치던 술에 취한 아버지의 목소리를 기억한다
당신이 고향이 싫어 떠나왔으면서 술만 취하면 하는 고향타령에
엄마가 무어라 추임새를 넣기라도 하면 엄마를 울렸다
어린 마음에도 아버지가 화를 내면 엄마가 운다는 어떤 공식을
알았던 것이다

아버지는 자주 아팠다
보라색 암포젤M 병을 머리맡에 두고 살았고 활명수 병도 그 곁에
있었다
입맛은 까다로웠고 잡곡밥을 절대 먹지 않아 엄마를 고생시켰고
혼분식 장려운동으로 학교에 잡곡 섞인 도시락을 가져가야
하는데 흰밥이어서 곤란을 겪기도 했다

다행히 엄마는 음식 솜씨가 너무 좋아서 반찬으로 엄마를
탓하지는 않으셨던 거로 기억한다
자주 아프셔서 엄마가 혼잣말로 했던 말을 기억하는데 "골골
백년이라고 필시 환갑 진갑 다 먹을 것이야"였다
'엄마가 울지 않게 해주세요!' 이 얼마나 갸륵한 기도인가
지금 생각해보니 내가 가끔 한 이 기도를 들어주신 듯하다
곧 죽을 거라며 온갖 약을 먹던 아버지를 두고 마흔 둘의 나이로
엄마가 세상을 떠나신 것이다

더 이상 울지 않게 된 엄마, 그렇게 가고파 하던 친정 동네
향일암에 가지 못하신 채 외옹치 언덕에 바다를 향해 누으셨다
갑자기 엄마에게 닥친 병으로 우리는 많이 어려워졌다
곧 고향에 내려간다며 들떠 있던 우리는 덜컥 앓아누운
엄마를 살려야 한다며 이것저것 정리해 수술을 하러 서울까지
올라갔으니 말이다
지금도 고치기 어렵다는 췌장암이었다
엄마를 반드시 살려내겠다는 아버지의 다짐이 허망하게 무너질
즈음 나는 기도했다

황달을 지나 흑달로 가던 엄마, 마약을 맞아야 잠깐이라도 잠을

잘 수 있었고 내 손을 잡고 꼭 간호사가 되라고 하셨던 엄마(나는
약 만드는 사람이 되었고 간호사는 동생이 되었다)
'엄마를 살려주세요! 제발 엄마를 살려주세요! 대신 아버지를
데려가세요!' 이 얼마나 발칙하고 무서운 기도인가
아버지랑 제일 친한 내가 나를 가장 사랑한다고 믿고 있던
아버지를 데려가시고 엄마를 살려달라고 기도했다
딱 한 번 그렇게 기도했다
그 불효의 기도 때문이었는지 환갑 진갑 칠순 희수 팔순 미수를
다 챙겨드리는 효녀 아닌 효녀 노릇을 한 건 아닐까 싶다

청소년기부터 교회에 다니기 시작해 기도는 일상이 되었다
학생의 신분으로 할 수 있는 기도, 직장인으로서 하는 기도,
생활인으로 하는 기도
그런데 나는 이상하게 어릴 적 기도를 제외하고 나를 위해
'무엇이 되게 해주세요'라든가 '무얼 해주세요'라는 기도는 하지
않게 되는 것이다
내가 나를 위한 기도를 하는 게 이상했다 사는 내내 특별한 일도
없고 보통의 사람으로 평범하게 살았다 그래서일까?
아이가 아파 수술실에 들어가니 그때 날 위한 기도를 하게
되더라 내 자식을 살려달라 기도했다

아이가 건강해지자 병든 시부모와 살게 되었는데 아버님의
치매가 심해지고 모시고 사는 일이 고되고 힘들어졌다
몸집이 크신 아버님을 씻기는 일에 지치고 어깨가 두 번 빠지더니
급기야 오른쪽 어깨가 아파 잠 못 드는 밤이 많았다
검사를 했는데 석회성 건염이었고 수술을 해야 할 지경이었다
나는 너무 아팠고 모든 상황이 싫고 귀찮아졌다 남편에겐
아무렇지도 않은 척하면서 몰래 우는 날이 많아졌다
돌아가시기 전 연말 성탄절에 하루 휴가를 얻어 찾은 남해 금산
보리암에서 삼배를 올리며 기도했다
'아버님을 미워하지 않게 해주세요 너무 지쳤어요!'
하느님이 들어주셨는지 부처님이 들어주셨는지 아버님은
담낭염으로 수술을 하셨고 요양병원으로 옮기신 후 밤꽃향
날리던 초여름 돌아가셨다
아버님을 미워할 시간이 없었다 나를 위한 두 번째 기도가
이루어진 것이다

몇 년 전 시절 인연이 다한 사람 몇 때문에 그 스트레스로 죽을
만큼 아팠고 중환자실까지 실려 갔었다
그러나 나를 위한 기도는 하지 않았다

오늘도 기도를 한다
그러나 나를 위한 기도는 아니다

화살기도

눈을 뜨면 강 건너 산속 절집의 방향을 향해 두 손을 모은다
무릎을 접고 가슴에 손을 가져다 심장 부위에 얹고 중얼거린다
뉘엿뉘엿 붉은 낯빛의 산이 녹음을 지우는 시간이 되면
눈 떴던 그 시간처럼 또 무릎을 접는다

나의 기도는 나를 위한 기도가 아니어서
더 간절하여 눈물도 나는데
아침저녁으로 부족할까 싶어
몸을 비우러 가는 벽 쪽 인터폰 위에 성당사진을 올려놓았다

부처 예수 알라
그보다 먼저 성주신에게 기도하는 마음으로

화장실에 갈 때마다 성당사진을 쳐다보며 중얼거린다

　　　"지금은 화살기도 중입니다
　　　○○에게 자비를 베푸소서, 평안을 주소서"

기억 5

봄부터 오늘까지 하는 기도는 아끼는 후배를 위한 기도이다
그 친구가 하루빨리 편안해지길 바라는 나의 간구는
음식으로도 이어진다
먹고픈 음식을 만들어 보내고 들고 가고 뭘 먹고 싶냐 물어본다
눈물 나게 맛있게 먹었다는 시래기 된장,
많은 사람들이 엄마, 하면 생각난다고 하는 시래깃국을
국물 없이 바짝 조린 듯한 반찬이다
갈비도 아니고 잡채도 아니고 장조림도 아니고 그게 가장 먹고
싶단다
"그래그래 만들어줄게, 조금만 기다려 곧 갈게"

배추우거지로도 만들고 무청시래기로도 만들고 둘을 섞어
조리하기도 한다

사계절 내내 해 먹을 수 있는 음식이다
봄에 나는 어린 무청도 좋고 김장을 앞두고 맛이 든 무청이나
90일 배추 겉잎을 데쳐 조물조물하거나
김장철 시래기를 겨우내 말렸다가 불려 긴 장마로 후덥지근하고
지칠 때 여름 입맛을 돋우는 일등 반찬이다
하우스에서 1년 내내 재배하는 얼갈이배추로도 맛있는 시래기
된장을 만들 수 있다
얼갈이로 만들면 풋풋한 초록향이 짙어 얼갈이를 선호하는
사람도 많다

🌸 다정다감 레시피

재료는 너무 간단해요

모든 된장 요리의 맛은 된장에 있으니 된장국 된장찌개 시래기 된장 시락국 등 된장이 맛있으면 무엇을 하든 맛있어요
우리 음식의 기본양념이 된장 고추장 간장인데 저는 이 셋이 맛있으면 80퍼센트는 맛있다고 믿는답니다

무청 한 다발을 데치거나 배추 겉잎 6~8장(배추 한 통 겉잎) 정도이고
얼갈이배추일 경우 작은 단으로 한 단을 준비해요
무청이나 배추는 데친 후 먹기 좋은 크기로 썰고 얼갈이는 뿌리를 다듬어 뿌리 쪽을 먼저 끓는 물에 넣어 데쳐낸 후 이파리를 뚝뚝 떼어내세요
뼈를 바른 멸치 스무 마리쯤(우거지 중간 중간 멸치를 집어 먹는 맛이 있거든요)
된장 두 숟가락, 다진 마늘 한 숟가락, 참기름 조금, 어슷 썬 청양고추 두 개, 결정적 육수 쌀뜨물

우거지에 위의 양념을 넣고 조물조물 버무린 다음 전골팬에 우거지 깔고 멸치 넣고 또 우거지를 올린 다음 쌀뜨물을 우거지가 푹 잠기게 붓고 팔팔 끓여요
쌀뜨물을 넣으면 끓어오르면서 반드시 거품이 넘치는데 지키고 있다 뚜껑을 열고 위아래 잠깐 뒤적여주면 된답니다

국물을 많이 잡으면 시래깃국 또는 시락국이 된다
그러니까 시래기 된장은 국물 없는 시래깃국인 것이다

전복죽
— 문애

엄마가 돌아가신 후 여름은 너무나 길었다
음력 유월 초 장마통에 장례를 치르고 추석이 오기까지 나는
너무나 추워 겨울 스웨터를 입고 대문 밖을 거의 나가지 않았다
엄마의 음식을 너무나 좋아했던 문애는 제집 밥보다 우리 집
두레상을 좋아해 내 밥을 축냈는데 긴 장맛속에 여름방학이
시작되고 내가 나가지 않으니 더 이상 밥을 먹으러 오지 않았다
후에 알게 된 이야기인데 문애 아버지가 가지 말라 말렸다 했다

나는 추위 추위하며 여름 내내 겨울잠에 취한 곰처럼 웅크리며
방과 마당과 뼈라가 날아드는 뒤란에서 작대기로 땅을 파헤치고
개미집을 들추고, 비라도 내리면 도랑을 만들어 개미집 앞에
큰 강을 만들어 밥풀 서너 알 띄워 개미가 몇 마리나 밥풀 위에

앉나 수를 헤아렸고
가끔은 마당 땅바닥에 오징어 다리에 끼울 대꼬챙이로 삐라의
글들을 옮겨 적고 주인을 잃은 엄마의 항아리들을 쓰다듬으며
울었다
화단의 칸나는 왜 그리 붉게 피어나는지 칸나를 보며 화를 내며
방학을 마쳤다

친구들의 시선을 피해 고개를 숙이기 시작했고 수업 시간엔 거의
책에 코를 박고 칠판을 보지 않았다
몇 번 백묵이 날아와 머리를 맞추거나 등을 몇 번 맞았는데
그래도 내 고개는 위로 올라가지 않았다
얼굴은 점점 더 창백해지고 말을 잃어갔다

동네는 물론 선창을 넘어 기름장수네 독구까지 그를 만나면
컹컹거릴 정도로 소문이 자자했던 북청노랭이 손씨,
손씨네 막내딸 문애가 아버지의 미싱 옆 쌈지에서 천 원짜리
다섯 장을 훔친 사건은 어마어마한 일이었다
추석 대목인 은하탕에 꺼꾸리와 장다리 둘이 손을 잡고 들어가
어른들이 독차지한 물바가지와 목욕탕 의자를 구하는 일이 힘에
부쳐 구석에 멍하니 서 있었는데, 꺼꾸리는 어디서 그런 용기가

있었는지 어른들 사이를 비집고 다니다 기어코 의자를 구해 와
장다리를 앉히고 뜨거운 물을 계속 끼얹어댔다
엄마 아프기 시작한 봄부터 돌아가시고 첫 은하탕이었으니
나는 온몸이 때투성이었던 것,
엄마가 아닌 작은 손으로(나보다 15센티미터나 작았던 아이), 등을
밀어주고 막 자라나는 젖가슴을 만지며 깔깔거리던 깜순이와
나는 목욕을 무려 4시간 가까이했다
얼굴이 뻘겋게 달아오른 우리는 해바라기 씨앗 초콜릿을 한 통
사서 둘이 나눠 먹으며 건너편 중앙극장에 걸린 추석 개봉 영화
간판을《토요일 밤의 열기》,《속 엄마 없는 하늘 아래》,《속 별들의 고향》)
한참 쳐다보다가 중앙서점에 들어가 좁은 통로에 등을 대고 서서
무언가를 열심히 읽고 아저씨의 눈총을 받으며 나와 생선구이
골목을 지나 팔도강산 횟집에 들어갔다
주인아줌마에게 문애가 무어라 말을 했는지 지금까지 모른다
마흔이 넘도록 물어보지 않았고 이제는 그녀가 이 세상에 없어
묻지 못한다
바지주머니에서 돈을 꺼내 모두 드렸던 거 같다

중앙동 바닷가 팔도강산 횟집은 김희갑 황정순 주연의 영화
《팔도강산》을 (몇 컷) 찍은 집이라고 유명세가 대단했다

아버지들의 단골집이었고 음식이 비싸기로 유명했는데 그 집에 들어가 뭔가를 주문한 문애,
여자아이 둘이 둥그런 탁자에 앉아 주는 대로 먹기 시작했는데 메인이 전복죽이었다
생애 처음으로 식당에서 파는 전복죽을 먹은 것이다
보통의 경우 김치와 간장만 내놓는다고 들었는데 생선구이도 있었고 뭔가 집어 먹을 게 많았던 기억이 난다
전복죽, 창문이 엄마가 물질해서 잡아 온 전복을 몇 날 며칠 부탁해 몇 개 구하면 찹쌀로 끓여 아버지만 드렸던 엄마
냄새만 요란했던 그 전복죽을 냉면그릇에 한가득 받아 들고 어쩔 줄 몰라 했던 나,
한 그릇이니 나눠 먹어야 한다는 나와 "먹어 먹으라고! 먹어야 해!" 하며 내 쪽으로 그릇을 밀어대던 아이와 횟집 아줌마
지금도 그 생각을 하면 명치끝이 따끔거리다 딱딱해진다
다 먹었는지 남겼는지 기억이 없다 눈물 콧물 전복죽이었으니

전복을 좋아한다
전복을 회로 먹는 게 좋고
전복죽은 정말 많이 끓였다
아이가 아팠고 시어머니 시아버지 10여 년 환자 간병에 전복죽과

새우죽, 야채죽, 참치죽, 버섯죽
죽 만드는 데 도사가 되었다 해도 과언이 아니다
먹는 것은 이상하게 잘 안 된다 팔도강산 횟집 전복죽을
넘어서는 맛이 없고 그날 생각에 지금도 전복죽은 내겐 눈물이다
죽만 아니면 정말 맛있고 좋아하는 전복! 특히 쪄서 먹는 것을
좋아한다
너무나 귀했던 전복이 언젠가부터 착한가격이 되어 전복장을
만들어 선물하는 일이 잦다

몇 해 전 강릉아산병원 중환자실에 계시다 일반 병실로 옮긴
아버지에게 전복죽을 끓여 갔었는데 비리다고 드시질 않아서
"옛날에 엄마가 아버지만 끓여드렸는데 그땐 그릇 바닥까지
깨끗이 긁어 드셨잖아요" 했더니 "그걸 기억하냐! 니 엄만 내장을
뺐어" 하시는 게 아닌가
아, 내장을 빼고 끓여 그렇게 희어 멀겋었나 보다 "게우 빼면 뭔
맛이래요 그기 골배이죽이지" 심술궂게 말을 했더니 "골배이랑
달라 전복죽은 그기 맛나" 하셨다
그후로 '게우 뺀 전복으로만 끓여드려야지' 생각했는데 결국은
끓여드리지 못했다

아버지는 초인적인 정신력으로 투석 없이 신장병과 싸우셨고
요양병원 생활 6개월 만에 치매가 온 걸 아시고 어느 순간
단식으로 당신 생명을 내려놓으셨다
생강나무 노랗게 핀 길을 따라 40년 넘게 아버지를 기다렸을
엄마와 함께 묻히셨다

누군가 아프거나 슬퍼하거나 목구멍까지 차오른 슬픔으로 컥컥
힘들어하면 전복죽을 쑨다
엄마 잃은 슬픔으로 여름내 추웠던 내가 뜨끈한 전복죽
한 대접으로 위로받았던 그날, 전복죽의 힘을 온몸으로 알았기
때문이다
전복죽이 아니었어도 다른 음식이었어도 내게 위로가 되었을 터,
마음앓이에 지친 친구에게 무언가 먹이고 싶었던 문애의 마음은
내게 고스란히 전해졌고 이후로 나는 힘이 조금씩 나기 시작했고
그 아이가 서울로 전학을 간 뒤에도 그 여름처럼 추워하지 않았다

남편이 농담처럼 하는 말이 있다
"뭔가 만들었나 본데 뭐야? 냄새는 있고 음식은 없네"
이 말을 하는 날은 누군가에게 뭘 먹이려고 열심히 만들어 들고
나간 날이다

남겨서 가족을 먹이는 일도 있지만 대개의 경우 몽땅 들고
나가기 때문이다
웃으며 하는 말에 약간의 뼈가 있지만 그래도 뭐 그렇게 살아야
속이 편한 각시인 것을 어쩌겠는가

 다정다감 레시피

자, 전복죽을 만들어볼까요

찹쌀 두 홉, 전복 중간 사이즈 여섯 마리, 참기름, 천일염

찹쌀 한 홉당 세 마리면 전복이 조금 적은 듯하지만 식당이나 전문점에서 파는 죽을 생각하면 괜찮아요
먼저 찹쌀을 30분 정도 불린 후 압력솥에 쌀을 안치고 밥을 할 때보다 두 배 가까이 물을 붓고 밥을 해요(찹쌀을 반나절 불려 참기름에 볶아 죽을 쑤는 게 정석이에요)

전복을 솔로 씻어 깨끗하게 손질한 후 전복 이빨을 떼어내고 게우(내장)를 분리해 따로 담아 두고 전복을 얇게 저미듯 썰어줘요
팬을 뜨겁게 달군 후 참기름을 넉넉하게 두르고 썰어놓은 전복과 게우를 볶습니다
죽을 끓일 냄비나 솥에 볶은 재료를 넣고 압력이 빠진 찰밥을 넣고 참기름을 한 숟가락 넣고 휘리릭 휘저어준 후 물을 한 대접 넣고 팔팔 끓이세요
끓기 시작하면 지켜 서서 다른 생각 절대 하지 말고 눋지 않도록 잘 저

어주는 것이 죽을 성공시키는 비법이에요
전복죽을 비롯해 모든 죽을 맛있게 끓이는 비법은 국산 참기름과 죽이
눋지 않게 지켜 서서 주걱으로 몇 번을 저었는가랍니다
그게 바로 정성이고 정성을 들이면 맛이 없을 수가 없어요

● 가을

낙지 초무침
— 내가 너를 사랑한다는 말(꼬마 이야기)

두 달여 아침마다 주문처럼 외운 문장 하나
"내가 너를 사랑한다"

무무정에 내려오면 일출을 보는 날이 많다
거의 90퍼센트 일출을 보게 된다
달이 뜨는 걸 보는 일도 잦다
가끔 시간을 놓쳐 오산 꼭대기에 휘영청 밝거나 반달이거나
손톱달이거나를 확인하기도 하지만 달이 떴구나, 별도 보이네를
중얼거리며 책상으로 돌아와 앉으며 하는 말도
"내가 너를 사랑한다"이다

8월 초 하나로 마트에서 고구마 한 봉다리를 구입했다

한 입 고구마라고 아주 작은 꼬맹이 고구마인데 쪄서 간식으로
아니면 밥 먹기 귀찮을 때 먹을 작정이었는데 잘 먹게 되질 않아
현관 한쪽에 방치하다시피 했다
무등도서관에 가려고 준비하다 허기가 져서 잊고 있던 고구마
봉다리를 열어 찌려는데 하나에 싹이 두 개 생긴 것이다
떼어낼까 하다 싹이 난 위쪽을 잘라
작은 접시에 물을 담아 앉히고 사흘 간격으로 물을 갈아주었는데
기특하게 싹을 내고 또 내고 이파리가 여덟 개에 이르게 되었다

딱 한 입,

나흘 전 꼬마 고구마 다섯 개를 삶으면서
초록을 내민 생명이 보여
딱 한 입을 잘라
꼬마 찬기에 담아 에어컨 실외기 위에 앉혔다

한 잎의 이파리는
나흘간 일곱의 형제를 불러와
나의 눈독과 창밖 소란과 먼 산 기운으로 무섭게 자란다

딱 한 입을 포기했더니
달큰한 몸에 길을 낸 초록은 새끼를 치고
딱 한 번 용서할 무엇을 생각해보라며
지긋한 표정으로 날 보고 있다

　　　　　　　　　　　　　　　　　기억 8

언젠가부터 반려동물을 따라 반려곤충 반려식물이 유행이다
먹을 수 있는 반려식물로 아파트 베란다나 실내에서 작은 화분에
페퍼민트 애플민트 타임 바질 등이 인기가 좋다는 기사와
약이 되는 반려식물로 알로에 베라에 대한 효능을 읽었는데
이파리를 늘려나가는 꼬마고구마가 기특했지 반려식물이란
생각까지는 못 했다
고구마를 처음 키우는 게 아니었기 때문이다

추석을 앞두고 지인과 향일암에 갔다가 땅벌에 쏘였고 많이
아프고 괴로웠던 나는 서둘러 집에 갔고 다른 집안일로 명절
서울행이 길어졌다
사람의 계획은 늘 어긋나는 것이 정답인양 한 달 가까운 시간
중간에 사나흘 다녀가야지 했던 작업실은 빈 채로 유일한

생명이었던 나의 고구마는 말라갔다
돌아와 가방을 들여놓고 베란다의 고구마부터 확인했다
여리지만 하얗게 무성하던 뿌리도 몸도 다 말라버렸고 한 줄기만
남아 있었다
쓰레기통에 버리려다가 급하게 수도 아래 접시를 놓고 물을 틀어
10여 분 물길을 쏘였다
말라버린 가지와 이파리는 떼어버리고 말라버린 뿌리는 그대로
물에 담가 이틀을 보냈고 처음 한 입 고구마를 접시에 세운
그날처럼 물을 주고 쳐다보고 하는 일을 다시 시작했다
이번엔 실내로 들여와 책상 위 노트북 뒤편에 자리를 잡아주었다
이후 날마다 아침을 먹기 전 고구마의 상태를 본 후 "꼬마야 내가
너를 사랑한다!"라는 말을 얹는다
책상 아래 발효 중인 콤부차 병 1과 2에게 하는 말이었는데
꼬마에게도 날마다 하기 시작한 것이다

하이쿠의 대가 바쇼도 이런 심정이 아니었을까

   고개를 드는
   국화 모습 어렴풋

홍수가 든 뒤

_민음사 《바쇼의 하이쿠》 中에서

무릇 생명 있는 것들에게 사랑한다는 말은 우주 최강 에너지임을
경험하는 요즘이다
산책길에 만나는 나무 꽃 풀들에게 자주 하는 말로 "내가 너를
사랑한다"는 내 스스로에게 거는 어떤 주문 같은 문장이다
사랑해,는 참으로 어려워 잘하지 못하는데 이상하게 산과 들에서
만나는 생명들에게는 자주 하게 되는 말
10여 년 전부터 사람이 아닌 동식물에게 자주 하는 말

꼬마는 날마다 나의 고백을 들었고 한 달쯤 지나자 나의 말에
답을 하기 시작했다
어쩌다 늦은 저녁으로 막걸리라도 한 병 마시는 날에는 꼬마에게
무한의 고백을 하기도 했다
눈독으로 똘똘 뭉친 기대를 먹고 물을 먹고 한 잎 두 잎
가까스로 잎을 내어놓는 듯하더니 다섯, 일곱을 지나 열두 개의
넓은 이파리와 세 개의 녹두알만 한 새싹을 달고 있다

예수님만 부활하는 것이 아니었다
나의 꼬마도 부활했다 무성해지기까지 두 달여,
아침과 저녁 달큰한 고백과 함께 사흘에 한 번 물을 흠뻑 맞게
하고 이파리를 만져주고 바라봤더니
한 입이었던 몸체가 이파리들을 감당키 어려울 정도로 무성해져
옮겨 심어야 하는가를 고민하게 한다

반려식물 고구마 그 이름 '꼬마'
가을 깊게 내려앉은 양양 진전사지 삼층석탑이 서 있는 사진
아래 초록을 키워 이파리를 늘려가는 늠름한 꼬마
새끼손톱보다 작은 초록이 "나 여기 있어요"라고 말하는 듯, 너무
기특하고 예쁘게 보여 시작한 일이 반려식물 키우기가 된 것이다

반려伴侶라는 말을 생각해본다
언제부터 동물과 식물이 인간을 대신해 짝이 되어주었는지, 나는
어쩌다 한 입 고구마를 키워 '꼬마'라는 이름을 주게 되었는지,
1인 가구가 늘고 비혼주의가 팽배하고 사람들끼리 서로 주고받을
사랑이 애완견이나 애완식물이 아닌 반려자의 대상이 되어
사람과의 관계에서 상처받기 싫은 사람들의 도피 같다는 생각을
했었는데, 나는 왜??

굳이 말하자면 생명에 대한 경외심이 아닐까 싶다
죽을 거 같았던 꼬마가 나의 주문에 화답했다는 믿음과 날마다
푸르게 생명을 지켜나가는 것에 박수 치고 싶은 마음,
벌에 무차별 공격을 당할 때 그 누구도 가까이 오지 않아
섭섭했던 마음이 꼬마의 생명지킴으로 위로받는 거라 믿고 싶다
"내가 너를 사랑한다" 이 말은 내가 나에게 거는 주문인 것이다

나는 나를 아끼고 사랑해야 한다
늘 나 아닌 누군가를 위해 사느라 바쁘고 힘들었다
시집을 내면서 시인의 말을 썼는데 지금도 그 말이 유효하다

    생각해보니 나는 늘 서성거렸다

    누구도 돌봐줄 이 없던 시간을 넘어
    다 살았겠다 싶던,
    생명이 남았다면 쉰에 이르자 했었다

    엄마가 닿지 못한 나이
    그 나이를 넘어섰다

나를 돌보는 데 익숙지 않아
누군가를 돌볼 궁리에 바쁘게 살았다

조금 느리게
천천히 웃고 살 일이다

_b판시선 024《세상 모든 사랑은 붉어라》시인의 말

코로나19가 세상을 아수라장으로 만들면서 많은 일들이 생겼다
몸에 잠복해 있던 우울증이 발현되었고 꽉 찬 불안과 분노로
주치의의 수면제 처방도 듣지 않았다
'전 괜찮아요 아무렇지도 않아요 잘 살고 있어요' 얼굴은 웃고
있으나 눈은 늘 울고 있었고
평형수를 채우지 못한 채 항해에 나선 배처럼 위태로이 흔들리며
날마다 지쳐갔다
베란다에 서는 일이 잦아졌고 9층은 애매하구나, 하는 생각에
이른 어느 날 나 스스로 놀라 살길을 찾아야 했다

가족들의 배려로 집을 잠시 떠나 나만의 시간을 갖게 되었고

많이 아팠던 등과 심했던 불면증이 사라졌다
창을 열면 왼쪽으로 노고단이 보인다
날마다 일출을 만나는 일도 큰 힘이 되었고
정면 오산 사성암을 향해 손 모으는 하루하루가 모여 날마다
긍정의 기운을 갖게 되었다

햇살이 꽉 차게 들어오는 한낮이다
햇살을 받느라 꼬마가 이파리를 활짝 편다
그 모습을 보는 나는 괜히 신이 나서 산책을 준비한다
향교까지 걸어야지 하다가 맛있는 음식이 먹고 싶어진다
나만을 위한, 나를 사랑해서 나에게 해 먹이고 싶은 게 무엇일까
골똘해진다

언젠가부터 매운 음식이 좋아졌다
모시고 살던 시어른 두 분 돌아가시고 놓친 사십 대를
보상받기라도 하듯 여행도 다니고 어쩌다 개업하는 식당
레시피도 짜게 되고 축하의 자리 음식 장만을 도맡아 하게도
되면서 지방 나들이가 잦아졌는데 그러다 보면 바깥 음식을 사
먹어야 하는 일도 생겨서 조미료의 무차별 공격을 받아야 했다
조미료를 거의 먹지 않아서인지 먹고 나면 입안이 터지고

갈라지고 그 맛이 힘들어 국이나 찌개를 멀리하게 되었는데
청양고추 서너 개 넣으니 맛이 괜찮아지는 것이다
형제들 모두 청양고추를 먹지 않는다 아버지의 유전자가 강한
탓인데 그런 피의 내력을 이긴 나다
어려서부터 자주 먹은 음식 중 엄마의 회무침은 지금까지도 일류
중 일류의 솜씨고 최고의 맛이다
잡어를 채 썰거나 오징어를 썰어 무쳐서 주셨는데 언제나 무채는
반드시 들어갔다
가끔은 생선보다 무채가 더 많을 때도 있었는데 그래도 너무
맛이 있어서 회무침을 하는 날이면 어떻게 알았는지 귀신같이
알고 온 문애가 내 몫을 몽땅 먹기도 했다

내가 자주 해 먹는 회무침은 오징어 문어 낙지 소라
통조림 골뱅이 어쩌다 신선한 생물이 오면 병어 물가자미 청어가
주재료인데
무채를 넣을 때도 있고 배채를 넣을 때도 있고 둘 다 넣어
시원함과 달콤함이 극강을 이루게도 한다
회무침에 절대적으로 들어가야 하는 재료가 청양고추다
엄마의 레시피에는 없는 청양고추!

🌸 다정다감 레시피

낙지 초무침을 만들어볼게요

오늘은 산낙지 두 마리를 샀어요
소금과 밀가루로 빠락빠락 주물러 뻘과 불순물을 제거해주세요
낙지머리를 뒤집어 내장을 빼고 팔팔 끓는 물에 넣었다 재빨리 건져내야 해요(넣기 전에 낙지 다리 한 개를 잘라 산낙지로 먹는 맛은 누구도 상상하기 힘든 맛)

양파 반 개 가늘게 채 썰고, 배 반 개 굵게 채 썰고, 쪽파는 3센티미터 길이로 썰어요
홍고추 한 개, 청양고추 두 개 반을 갈라 고추씨를 털어낸 뒤 어슷 썰고, 다진 마늘 약간, 고춧가루 약간, 깨소금 약간, 매실청 약간, 초고추장 세 숟가락

양념을 준비하는 동안 데친 낙지가 식어요
그러면 적당한 크기로 낙지를 자른 뒤 함께 버무려주세요
회무침 주재료가 무엇이냐에 따라 양념장이

바뀌지는 않는답니다

초고추장을 만들어놓고 쓰는데 시판 초고추장으로 해도 괜찮아요

대신 매실청을 아주 조금만 넣어주세요

접시에 먹기 좋게 담고 화룡점정으로 깨소금 솔솔 뿌리면 완성이다

이제 맛있게 먹으면 된다

개인적으로 한 사람에 한 마리가 가장 좋더라

밥 이야기
— 아침(옴 따레 뚜따레)

일출이 시작될 시간이면 어김없이 창가 의자에 앉아 창밖 들과
강과 산을 쳐다본다
새벽에도 비가 내렸으니 노고단 정상엔 사흘째 눈이 내렸겠다
창을 열어 맞게 되는 신선한 첫 호흡은 지난밤 타고 남은 장작
냄새와 농업기술센터 연못에서 피어오르는 물비린내와 날개를
포갠 채 잠들었다 부스스 잠을 깬 새들의 깃털 냄새로 충만하다
무무정 아래 아름드리나무를 옮겨 심는 조경사업이 한창이었는데
산책길 귀퉁이 어떤 이유에서인지 나무를 심다 멈췄다
뿌리를 공중에 들킨 채 옆으로 꼬꾸라진 몇 그루의 나무가
직립을 놓친 채 바로 서는 날을 위해 가쁜 숨을 쉬는 흙냄새는
아릿하여서 슬프기조차 하다
해가 솟아 사성암 허리께 떠오르면 향교 뒤 숲에서 밤을 보낸

왜가리 몇 마리가 섬진강 윤슬 위로 날아간다
공간을 확장하며 열을 맞추기도 하는데 학인가 싶을 정도로
우아한 날갯짓을 보여준다
푸른 하늘을 가르는 왜가리는 그림처럼 이쁜 풍경이 되어 달력
사진처럼 찰각 마음에 찍힌다

에어컨 실외기에 줄 세워 올려져 일렬횡대를 지키며 앉아 있는
네 개의 대봉감은 침실까지 쫓아오는 아침 햇살을 받아
8시쯤 흰 벽에 정물화 한 점이 되고 그림자로 일렁이며 내용을 알
수 없는 이국의 노래와 섞인다
"옴 따레 뚜따레 뚜레 소하…"* 같은 곡조로 반복되는 노래, 어린

- 옴 따레 뚜따레 뚜레 소하(Om Tare Tuttare Ture Soha) 산스크리트어
  옴: 태초의 소리, 우주의 모든 진동을 응축한 기본음으로 매우 신성한 소리
  를 의미하며 부처에게 귀의하는 자세를 상징한다
  따레: 윤회로부터의 해탈이다
  뚜따레: 지수화풍地水火風과 동물이나 도적 등의 외적인 부분의 위험 그리고
  무지, 애착, 성냄, 교만, 질투, 인색함, 의심이라는 내적인 두려움, 이 8가지 번뇌
  에서 벗어남을 의미한다
  뚜레: 질병으로부터 완전히 벗어난다는 뜻이다
  소하: 간절한 마음으로 진언을 외우면서 따라 보살님으로부터의 가피를 얻
  고자 함을 말한다

소녀가 나지막하게 부르는 노래 한 곡이 특별하게 묘한 중독이
있어 자꾸 따라 흥얼거리게 한다
복사한 시디로 17곡의 곡목이 쓰인 케이스도 없고 달랑 시디만
있다
그럼에도 나는 제목을 알 수 없는 시디를 들으며, 포르투갈의
파두 스페인 아르헨티나 이국의 말들이 때론 이별 노래로, 때론
구애의 노래로, 어떤 한 곡은 민중의 가난을 위로하다 한탄하다
울부짖는 듯이 들리기도 한다
정확한 가사를 모르는 것이 어쩜 내 감정을 더 건드리는 것이
아닌가 싶다

하루에 두 번 이 음반을 듣는데
아주 오래전 뉴욕 카네기홀에서 열린 김덕수 사물놀이패 공연에
간 친구가 그때 200불이란 거금을 주고 힘겹게 구한 좌석표가
로열석이어서 괜히 들뜬 기분으로 고국에서 온 공연단의 공연에
웃고 울며 한국인이란 자긍심에 우쭐하여 많이 흥분했었고,
앵콜이 이어지고 마지막 커튼콜에 아리랑을 부르자 함께 간
이탈리아 남자가 내용도 모르면서 눈물을 흘렸다는 이야길
했었다
나 또한 그와 비슷한 경우가 아닌가 싶은 생각을 한다

살다 보면 많은 걸 알아서 불행과 어깨동무해야 하는 날이 많고
아무것도 몰라서 더 행복한 경우도 있으니 말이다

간단하게 아침을 먹고 산책을 나선다
옥토였을 어딘가에서 뿌리내리고 잘 살고 있다가 난데없이
파헤쳐져 옮겨 와 누운 채로 버림받은 나무를 지나 야자수
매트가 깔린 길을 따라 걷노라면 농업기술센터 작은 못에
옹기종기 모여 앉은 오리 떼를 만나게 된다
밤새 젖은 날개가 마르길 기다리는지 고요히 순간 정지한
오리들은 나를 보고도 관심이 없다
나만 오리들에게 관심이 있어 이리 살피고 저리 살피다 다시
발길을 옮긴다
삼거리에서 주춤거리게 되는데 압화박물관 쪽으로 걸을 건지
오른쪽 봉성산으로 갈 건지 아니면 정반대 강 쪽으로 갈 건지
잠시 갈등을 하는데, 고양이 한 마리가 발목을 스치듯 느리게
걸어간다
나는 놀랐으나 고양이는 아무렇지도 않게 꼬리를 한껏
치켜세우고 나를 지나쳐 강 쪽으로 앞서간다 앞서가는 것이 맞다
어느새 나도 강으로 향하고 있었으니 말이다

아, 고양이, 햇살 환한 봄날 제비꽃과 민들레로 꽃바람
출렁거리던 세설원 닭장 가는 길모퉁이
내 속옷이 뽀송하게 말라가던 빨래 건조대 아래 본 적도 없는
얼룩이와 사랑을 나누던 초롱이
제비꽃이 보았고 민들레가 보았고 새순을 낳느라 몸살을 앓던
신나무가 보았고,
결정적으로 인간인 내가 창 안에 앉아 내다보고 있는데도
아무렇지도 않게 본능에 충실하던 고양이 초롱이,
어릴 적 발정 난 개들의 홀레를 본 적은 있으나 고양이의 경우를
처음 본 나는 무척 당황했으나 초롱이는 나와 눈이 마주치는데도
얼룩이 위에 앉아 흔들림 없이 사랑을 나눴다
내 발걸음을 앞서 꼬리를 세운 채 걷는 고양이가 초롱이를
생각나게 한다
고양이들은 원래 저런가? 잠시 초롱이 생각에 길을 벗어났는데
그사이 고양이는 사라지고 없다

앗, 주춤거리다 길을 놓친 나는 멀리 강물 위로 쏟아져 내리는
햇살에 잠시 어지럽다
커다란 대나무 소쿠리에 한가득 담겨 있다 한 번에 덮치는 햇살
조금만 걷자 조금만 더 걷자

풀들이 몸을 말리는 소리가 들려온다
푸릇한 냄새로 자신이 바로 서고 있다고 말을 한다
더러는 누렇게 색을 지우고 곧 닥칠 겨울을 준비하지만 아직
청춘이라며 꼿꼿하게 몸을 세우고 새들의 먹이가 될 벌레 몇
마리 깃들게 출렁거린다
남쪽이어서 11월이어도 지리산에 첫눈이 내렸어도 푸르고 푸른
생명이 있다
겨울 지나고 올 줄 알았던 작은 생명들, 분홍 눈을 하고 태어나는
광대나물 몇 송이 논두렁에 기대어 피어나고 있다
언젠가부터 논에 철쭉을 심어 키우게 되었는지, 추수한 벼를 한
덩어리로 묶은 공룡알 무리와(마시멜로, 라고도 하더라) 이웃하며
작은 키에 초록과 자주색으로 겨울을 견딜 어린 논철쭉들은
조화로운 듯 아닌 듯 하나의 풍경이 되어준다

너무 많이 걸었나 싶을 즈음 따사롭기만 하던 햇살이 갑자기
변덕을 부린다
햇살만 믿고 옷을 얇게 입고 나왔으니 강가에 앉아 눈으로
물수제비를 뜨고자 했던 마음을 접고 빠르게 걸음을 되돌려
쌀빵집으로 방향을 정하자마자 갑자기 불어대는 바람,
방향을 가리지 않고 이리저리 심하게 몰려다니는 바람 탓인지

가게 안이 꽉 차 있다
느린쌀빵집은 많이 바빴다
늘 앉던 자리가 나기를 바라며 앉아 사람들이 조금 더
빠져나가기를 기다리는데
커피머신을 다루는 이가 다정하게 말을 건넨다
"지난번처럼 진하게 드실 거죠"

한 여자가 매장의 빵과 귤과 소시지와 양파와 샤브용 소고기와
청경채와 우유…
20만 원을 채워야 한다며 마구잡이 권법으로 장을 본다
여러 명이 빠져나가도 그녀는 계산대에 서서 나머지를 무엇으로
채울까에 골몰하고
내가 무심코 내다본 창밖에선 한 남자가 담배를 피워 물고 차
문을 열었다 닫았다를 반복한다
나는 그 풍경을 어디서 본 듯하여 기억의 회로를 풀고 되감기를
하는데 도대체 생각이 나지 않아 커피잔만 들었다 놨다 반복했다

가을 햇살은 다시 너그러워졌고 방향을 모른 채 헤메이던 바람은
뱃노래* 부르며 물결 따라 흔들리기 딱 좋은 강도여서 지나쳐온
멀리 있는 갈대도 흔들리고 낮은 담장 앞 막바지인 자줏빛

천일홍도 흔들리고 판매대를 이리저리 훑던 여자의 눈빛도
흔들리고 참견하고 싶지 않았는데 보다못해 한마디 거들고
말았다
"쌀을 사세요 쌀빵집에도 쌀이 있으니 유기농 쌀을 사세요"

쌀
밥
우리에게 꼭, 반드시 필요한 식품 아닌가

밥심,

밥이 주는 기쁨이 있지
별 반찬 아니어도 그냥 밥만 있어도 맛난
무논에 출렁거리는 어린 모
한 모가 자라 한 숟가락이나 되나니
밥심의 근원은 어린 모
한 포기 두 포기 그리고 여럿

- 오페라 《호프만의 이야기》 中 뱃노래 이중창 〈아름다운 밤, 사랑의 밤이여〉

밥 먹다가
따끈한 밥 한 숟가락 입안에 밀어 넣다가
그냥 뜨끈해지는 마음
흰쌀밥이 되느라 어린 모가 겪은 봄 여름
그리고 우리가 함께 앉아 맞는 가을

기억 10

빈 반합을 들고 귀가하던 뱃사람들이 신작로에서 마을 어른들을 만나면 하던 말
어려서 많이 들은 말, 진지 드셨어요 식사하셨어요
학교 다니기 시작하면서 내가 많이 들은 말, 밥은 먹었니 밥은 먹고 다니냐

언젠가
서울 집 아파트 언덕 아래 삼산교회 앞 좁다란 나무의자에 앉은 세 분의 할머니가 주고받은 이야기를 기억한다

아들이 준 5만 원을 헐어 바나나우유 세 개와 소보로 빵 세 개를 나누어 먹으며
그녀가 말한다
먹고사는기 너무 힘들어 고등학교를 못 보내 환갑이 다 되도록 등짐을 지는 아들이
어버이날이라고 쇠고기 두 근과 500만 원 같은 5만 원을 주고 갔어
오늘은 이거 먹고 내일은 우리 집에서 쇠고기를 끓여 밥 먹게 꼭 와

아이고, 돈을 그리 많이 주고 갔냐며

어려서부터 영특한 아들이라 없는 살림에 대학원 공부까지
시켰는데
어버이날 종이꽃 한 송이 못 받고 잘난 며느리 전화 한 통이라도
오면 너희 식구들끼리라도 건강하라고 말하고 싶은데 전화도
울리지 않아 울었노라고

언니, 내가 제일 어린데 오늘도 얻어만 먹네
언니
남편도 자식도 없는 나는
나누는 언니 둘이 있어 이렇게 먹고 웃네
내일 밥은 내가 할게
막내가 맛있는 밥을 지을게

삼산교회 앞 화단은 어쩌면 천국의 입구 같아서
좁다란 나무의자에 앉은 할머니 세 분 등 뒤에 선 십자가가 웃는
것처럼 보였다

흰쌀이 주가 되는 밥
흰쌀밥, 찹쌀로만 찐 찰밥, 보리를 넣은 보리밥, 쥐눈이콩을 넣은
콩밥, 완두콩을 넣은 완두콩밥, 기장을 넣은 기장밥, 차조를 넣은

조밥, 수수쌀을 넣은 수수밥, 현미로 지은 현미밥, 흑찰미를 넣은
흑미밥, 거피옥수수를 넣은 옥수수밥, 고구마를 넣은 고구마밥,
감자를 넣은 감자밥, 혼합 곡식을 넣은 영양잡곡밥

나물류와 산채류 해초와 해산물을 넣어 짓는 밥
콩나물밥, 곤드레밥, 취나물밥, 송이버섯밥, 표고버섯밥, 톳밥,
전복밥, 굴밥

더 많은 밥들이 있지만 위의 밥들은 내가 지어본 경험이 있는
밥이다
아버지가 무척 좋아하셨던 흰쌀밥 가장 이쁜 기장밥과 조밥을
만들어 양념장에 비벼야 제맛이 나는 나물밥
아픈 시어른 두 분을 모시고 살 땐 잡곡밥 위주로 밥을 했다
아이가 늘 불만이었고 나도 흰쌀밥이 그리웠다
건강을 위해 먹어야 하는 잡곡밥보다 흰쌀밥에 계란프라이를
얹고 참기를 두어 방울 떨어뜨려 비벼 먹는 그 밥이 그리워 가끔
잡곡을 섞지 않은 밥을 따로 했는데
그때마다 나는 왜 잡곡밥을 주고 당신네들만 흰쌀밥을 먹느냐며
지청구를 늘어놓으셨던 아버님,
지금은 그리운 소리가 되었다

음식을 만들면서 시가 온다

쌀 선물을 가끔 받는데 가장 기억에 남는 쌀은 현미쌀이다
10년 전 내비둬 농법으로 쌀을 수확한 송 선배가 현미 두 말을
보냈는데 학교 선생으로 시인으로 학원 강사로 농사를 모르던
사람이 지은 첫 수확이어서 감격했던 현미,
페트병에 옮겨 오랫동안 쌀에 섞어 밥을 지으면서 내비둬 농법인
태평농업을 생각하며 웃었다
건강한 쌀을 위해 유기농을 고집하며 우렁이 농법으로 농사를

짓는 선배도 있다
밥을 먹는 것은 쌀만 먹는 것이 아니라 먹거리를 위한 많은 땀과 이들의 노력을 함께 먹는 것이다

묵화 2

하동 춘양공 기원정사 비탈길
산중 논
물 댄 지 며칠이나 되었을까
무릎이 아파 이러지도 저러지도 못하고
엉거주춤 할배가
쑥쑥 올라오는 어린 몸 내려다보는 저 그윽한 눈길

밥이 다디단 이유였구나

_ b판시선 024《세상 모든 사랑은 붉어라》中에서

겨울

끝내, 사랑

도치알탕
— 상백의 사랑

진부령 아래 소똥령 사잇길 골짜기마다 불을 놓은 듯 타오르던
단풍잎들 다 떨어지고
학사평 아래 배추밭 푸른 이파리들 서로 포개어지며 결속을
이루는 밤,
새벽부터 창에 어른거리던 물그림자는 진눈깨비로 바뀌나
싶더니 점점 굵어지고 있었다
첫눈이다
참 푸지게 내리네
선창가 폐식용유통에 꽂힌 장작들이 불을 맞아 타닥거리며 타기
시작하고
입항을 마친 몇 척의 배가 부두에 그물을 부려놓으면 불통을 등
뒤에 둔 빠른 손들이 그물을 펼친다

삼마이 그물에서 몸이 풀려난 도치* 몇 마리 미끄덩거리며
함지박 속으로 던져지고
한 그물에 걸려 그물을 상하게 한 죄 크지만 값은 좋아 곱게 옮겨
앉는 대구, 털게와 물가자미들은 상회로 갈 나무상자에 담긴다
엄마는 늘 "바닷가에선 빠른 손을 가진 사람이 부자지!
부자야"라고 말했다
잡혀 온 생선의 신선도를 선별하여 다듬고 파치를 만질 때도
그물 일을 할 때도 날랜 손길은 뱃머리에 자리를 잡은 어부처럼
푸짐하게 챙긴다

양철 함지박에 담겨 집으로 온 도치는 이제부터 칼을 맞고
뜨거운 물을 맞고 잘 익은 배추김치와 만나 석유곤로 위
양은냄비에 담겨 팔팔 끓여지게 된다
그 이름하여 도치알탕!
긴 겨울 밥반찬인 찌개로 장화 소리 요란한 선창가 술꾼들의
해장국으로 사랑받은 동해안의 명물 중 명물이다**
중앙시장 입구 문패 없이 드르륵 미닫이를 밀면 촤르르 주렴

- • 도치는 심퉁이라고도 불린다
- •• 동해안 별미 삼총사는 도치 도루묵 양미리다

소리 요란하던 방석집도 사라진 지 오래
선창가를 주름잡으며 패기 넘치게 벗어던지던 선장 기관장의
장화들도 사라진 지 오래이나 그 맛은 인구에 회자되어
그 맛을 찾아 향수를 찾아 맛집 탐방을 하게도 한다

도치는 입동 무렵 맛이 들기 시작해
정월 설 쇠고 대보름까지 그 맛이 절정에
이른다
도치알탕을 만들면서 반드시 먹게 되는
것이 도치회다
도치는 생것으로 조리하지 못하기 때문에
1차 뜨거운 물로 샤워를 하게 되는데 이때
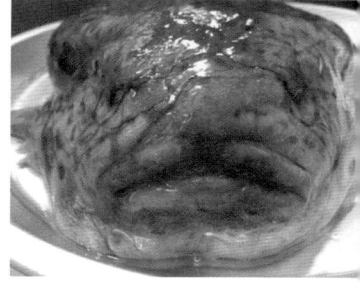
살짝 익은 배 쪽 살을 썰어 주방에 선 채로 초고추장에 찍어 먹는
도치회는 무엇과도 비교할 수 없는 식감을 알게 한다
겉은 쫄깃하나 속살이 물컹하게 느껴지기도 해서 약간의
호불호가 있긴 하지만 그 맛은 무엇과 비교하기 힘든 맛으로
도치회를 처음 먹는 사람은 처음엔 이게 뭐지 하다가 점점 그
맛에 빠지게 된다
나는 그 맛이 개상어회 맛과 비슷하다 느낄 때도 있다

얼큰한 도치알탕은 암놈으로 끓이고, 꼬들꼬들 숙회는 주로
숫놈으로 만든다
배 쪽 둥그런 빨판을 지닌 도치를 만지다 보면 깊은 바닷속
바위틈에 알을 슬어놓은 암컷을 대신해 목숨 걸고 새끼들을
지켜낸 아비의 사랑이 부성애의 대표적 예가 되는
민물 가시고기와 닮아 있어 순간 숙연해져 가슴 한편을
서늘하게도 하는데
그 이유는 도치라 불렸던 여자를 사랑했던 상백 오빠의 시린
삶이 생각나기 때문이다
미끄덩거리는 도치 배를 가르던 칼을 손에서 잠시 내려놓고
주저앉아 울컥해지기도 한다

상백과 도치는 서로에게 첫사랑이었다
상백의 집 문간방에 세들어 살던 도치네는 이상하게 식구들이
게으르고 남의 말하기 좋아하고 노름을 좋아했다
공무원 시험을 준비하고 문청이었던 그가 어쩌다 열여섯 도치를
맘에 두기 시작했는지… 심술궂고 고약했던 그녀,
입에 담기 힘든 사건이 있었다는 흉흉한 소문을 달고 여기저기
떠돌아다녔던 그녀를 오랜 세월 기다렸고 결국엔 결혼에 성공해
아이를 둘이나 낳고 잘 사는 듯했었다고 한다

나는 서울에 있으니 그들이 헤어지고 만나고 다시 헤어지고
또다시 만나고 했다는 이야기를 속초에 가면 어쩌다 먼 나라
풍문처럼 듣게 되는데
그 내용이 고약하기도 했거니와 상백의 친구인 울 오빠는 표정을
감춘 채 혀를 끌끌 찼고 간혹 한숨을 쉬기도 하다가 극도로
말을 아끼며 안타까워했고 올케는 "상백 씨만 불쌍해 불쌍해"를
연발했다
양복이 너무나 잘 어울렸던 상백 오빠, 화장품 대리점주를
하기도 했던 그가 엄마 돌아가시고 여중 시절 하교할 때
만나기라도 하면 사주었던 코끼리 만둣집 만두는 잊을 수 없는
만두다
사무원이었던 그가 빚에 쫓겨 결국엔 남의 배를 타는 뱃사람이
되었다고 들었을 땐 정말 슬펐다
천성이 부지런하니 서투른 뱃일도 열심히 하여 손 벌리지 않고
살 만해졌다고 들었다
그러다 다시 나타난 그녀의 빚가림을 하느라 많이 힘들게 산다고
들었는데 어느 날 부고가 왔다
상백 오빠가 사고사를 당했다는 소식은 참으로 놀라운
이야기여서 진짜인가 싶었는데 이후에 거액의 보험에 들었다는
이야기와 보험을 든 지 오래지 않아 밧줄에 발을 걸고 바다로

뛰어들었다는 사고 내용을 듣게 되었다
선장과 선주의 배려로 사고사로 처리되었고 꽤 많은 보험금을
아이들에게 남겼으나 그녀가 엄마 노릇을 하겠다며 다시 속초로
돌아왔다는 이야길 듣고 욕이 한보따리 나왔다

상백 오빠네로 오빠 심부름을 갔다가 읽은 책상 위에 놓인
원고지에 차분하게 써 내려간 반듯한 글씨를 기억한다
방송국에 보내는 투고였는데 〈여성살롱 임국희예요〉 앞으로
도치에게 보내는 상백의 첫사랑 이야기였다
나는 이상했다 너무 못생기고 뚱뚱하고 거친 그녀를 좋아하는
상백 오빠가 너무 이해가 되지 않았다 초등학교 6학년이 될 때의
일이다

사랑에 빠지는 일이 어찌 마음대로 되며 조건을 따지고 이후를
염려하며 진행되겠는가
한눈에 반해 홀로 애태우는 짝사랑인 경우가 많은 첫사랑,
첫사랑에 둘의 마음을 맞추는 일이 결코 쉽지 않은 일이다
결혼까지 이르는 일은 그야말로 하늘의 별따기인양 드문
경우인데 그들은 왜 그렇게 되었을까?
도치를 사랑한 상백은 자신의 인생이 도치 수컷처럼 될 걸 절대

몰랐을 것이다
사랑은 가끔 이기적이어야 한다고 누군가 말했는데 이기적이지 못했던 상백 오빠를 생각하며 도치를 만지곤 한다
상백의 순애보와, 어두운 바닷속 살은 해체되고 뼈를 드러낸 채 바위 사이를 흘러 다니는 도치의 부성애가 많이 닮아 있다

다정다감 레시피

자, 이제 만들어볼까요

재료는 도치 한 마리 기준
배추김치 반쪽, 마늘 여섯 쪽, 청양고추 세 개, 대파 한 뿌리, 고춧가루 약간

도치는 심해어에 가까워 비늘이 없고 껍질에 끈적거리는 점액질이 느껴져요
물을 팔팔 끓여 겉에 부어준 뒤 찬물을 부어 껍질에 붙은 점액질을 훑어냅니다
칼로 배를 가르고 알집과 애를 꺼내 다른 그릇에 옮겨놓은 다음 도치 살을 썰어주세요

칼로 도치 살을 자를 때 조심조심,
데친 도치가 겉은 쫄깃한 듯 질기고 속은 물러 신경을 집중해 썰어야 해요
잘 익은 배추김치를 송송 썰어 냄비에 담고 썰어놓은 도치 살과 함께 끓이다가 한소끔 끓으면 알과 애를 넣어 다시 한 번 끓이고 준비한 양념을 넣고 한소끔 끓이면 완성된답니다

칼칼한 것이 시원하고 톡톡 터지는 알들의 노래와 함께 12월 첫눈의 떨림을 이야기하며 왁자지껄 덕담을 나누게 하던 도치알탕

을지로 어디쯤 석계역 어디쯤 종로3가 송해길이라 불리는 골목 안쪽 동그란 식탁 서너 개 있는 간이식당에서 맛볼 수 있는 술국

이제는 구닥다리 찌그러진 양은냄비를 버리고 스텐 전골냄비로 탈바꿈한 겨울 초입의 진객

맛집 검색을 하시든 바닷가 선술집을 찾아 나서든 겨울 초입 고운 사람과 어울려 반드시 맑은 소주 서너 잔을 반주로 도치알탕을 만나 보시라 권한다

팥죽
― 고구마빼떼기를 아세요

머나먼 고향 또는 멀고 먼 고향 돌산에서 화물이 도착하는
날이면 참빗으로 머리를 곱게 빗어 쪽머리를 얹고 아끼던 분홍
스웨터를 꺼내 입은 엄마는 종종걸음으로 바빴다
향일암 아래 빨간 대문집
담장을 둘러싼 동백나무 울타리를 뛰어다니다가 대문을 열고
들어가면 오른쪽에 커다란 고구마 창고가 있고 왼쪽엔 외양간이
있고 너른 마당에서 땅따먹기 놀이를 했던 곳
커다란 멍석을 깔고 떡메를 치던 친정 오래비가 보낸 천일화물,
물표를 단 가마니 두 개를 실은 리어카가 마당으로 들어오면
손가락으로 콧물 찍 풀어 수돗가에 던지던 엄마가 울었었는지
살짝 웃었었는지 기억은 희미한데
어린 나는 신이 나서 가마니를 끌어내리는 아버지를 재촉했다

쌀이 가득 들었던 가마니 속에서는 참깨도 나오고 동부콩도
나오고 참기름 병도 나오고
또 다른 가마니는 내가 기다리고 기다리던 고구마빼떼기가
자루로 두 개, 팥이 한 자루 그리고 편지 봉투도 들어 있었던
거로 기억한다
두 개의 가마니는 엄마에게도 나에게도 화수분과 같아서 눈물을
콧물인양 찍어내던 엄마도 웃고
자루 하나를 열고 두 손 가득 하얀 고구마빼떼기를 얹은
나도 계속 웃고 아버지는 낯빛을 감춘 채 리어카를 돌려 밀고
나갔었다

고향에서 온 화물을 들여놓고 총총 사라진 아버지는 어디로
갈까
나는 리어카를 밀고 나가는 아버지 발꿈치에 실린 아버지의
경쾌를 읽었었다
바지 주머니 가득 빼떼기를 찔러 넣은 채 아버지의 뒤를 밟는 나
큰길로 곧장 걸어 한참을 걷다 나타나는 좁다란 골목을 지나 또
골목 그 골목을 끼고 오른쪽으로 돌아 도착하는 막다른 곳 파란
대문 쌍가마네 집
커다란 동백꽃이 도톰하게 새겨진 밍크담요를 밑에 깔고 함경도

아바이 둘 갱상도 싸나이 하나 그리고 부두 끝 임검소 소장이
신경질적으로 불러대던 "어이 전라도 빨갱이"인 아버지, 넷이
고개를 숙이고 화투장을 나누고 있는 것
방석집이 아님을 확인한 나는 동무 둘을 만나 깔깔거리며 놀다
빼떼기를 나눠주고 집으로 돌아간다

아버지의 뒤를 밟으라고 엄마가 시킨 것이 아니었다
팥과 빼떼기가 왔으니 엄마는 한 솥에 팥을 삶으며 밀가루
반죽을 할 것이고 팥이 삶아지면 덩어리진 밀가루 반죽을 굵게
썰어 팥죽을 끓일 것이고 저녁으로 팥죽을 올린다는 것을 알기
때문이다
겨울이면 겪는 몇 가지의 일 중 돌산에서 화물이 올 때마다
반복되는 엄마의 팥죽, 어떤 음식이든 식구들 모여 함께 먹어야
한다는 엄마의 강박은 나를 심부름꾼으로 정했고 아버지를 찾아
이 골목 저 골목 가끔은 멀리 있는 방석집까지도 찾으러 가야
했기에 나름 꾀를 냈던 것이다
엄마가 요리를 하는 동안 친구들과 어울려 놀다가 때가 되면
아버지를 찾아 헤매지 않고 쌍가마네 집이든 병문 오빠네 아니면
방석집으로 곧장 가 아버지를 집으로 데리고 갔으니 어찌 보면
지혜로운 아이였다

속초에서도 전라도식 팥죽을 먹고 자랐다
동짓날에만 새알심을 빚어 넣으셨고 보통의 경우는 굵은
칼국수를 넣어 끓이셨는데 우리 집만의 별미가 고구마빼떼기
첨가다
특이하게 칼국수면보다 더 굵게 숭덩숭덩 썰어 넣어
"이건 수제비 동생이야?"라고 말했던 기억이 있다
여름 장마통에 두어 번 팥죽을 쑤기도 하셨는데 마당에
솥단지를 걸고 아껴 두었던 빼떼기를 넣으면 달큰한 냄새가
골목을 빠져나가 누굴 오라 부르지 않아도 동네 아줌마 몇몇과
아이들이 그릇과 숟가락을 들고 왔다
엄마의 손은 어찌 그리 크셨는지 오지 않은 집 팥죽까지
챙기셔서 식은 팥죽을 들고 심부름을 갔어야 했다
여름 삼복더위 중에도 끓이셨는데 냉장고가 귀한 시절이라 마당
한편 아이스박스에 얼음 공장에서 얼어 온 얼음을 잔뜩 채우고
스텐 냉면 그릇에 팥죽을 담아 넣었다가 저녁에 꺼내면 팥죽은
딱딱하게 굳어 있었고 숟가락으로 뜨면 요즘 파는 팥이 들어간
젤리나 아이스크림 같기도 하고 양갱처럼 달콤했다
밀가루가 불어 굳으면서 밀가루떡처럼 변하는 것인데 팥과
고구마의 전분까지 합세해 양과자점에서도 구하기 귀했던
양갱처럼 달콤하고 씹는 식감이 좋아 동생은 식은 팥죽을 더

좋아했다
오랫동안 팥죽을 먹지 않았는데 일반 팥죽이나
단팥죽이어서이다
엄마 돌아가시고 엄마식의 팥죽을 어디에서도 먹을 수가 없었다
나는 어렸고 어른이 되어선 팥죽이라는 말만 들어도 서늘해지고
어쩌다 여럿 어울려 두어 숟갈 넘기면 체하는 것처럼 느껴졌다
어느 누구에겐 팥죽이 소울푸드라는데 내겐 서러울 푸드라고
우스갯소리를 할 정도로 기피 음식이었지만 시어른을 모시고
살던 시절 동지죽을 쒀야 했다
식구들만 먹고 나는 먹지 않았던,

어느 해 겨울 아침 일찍 들른 해남 남창 장에서 팥칼국수를
팥죽이라고 파는데 엄마식으로 칼국수를 아주 굵게 썰어
밥알은 거의 없게 끓여내는 것이다
주인이 이상하게 굵게 썰어졌다며 미안해하는데 나는 그냥 마냥
감사하다며 한 그릇을 다 비웠다
함께 간 사람들은 너무 굵다며 설탕을 섞어 면을 숟가락으로
잘게 잘라 단팥죽처럼 만들어 먹는데 그집 김치가 너무 맛있어서
팥죽을 먹게 된 나도 그들도 함께 흐뭇했다
칼국숫집 국숫집 팥죽집 모두 김치가 맛있어야 메인 음식이 더

맛있다고 엄지 척을 올리는 게 보통 사람들의 입맛이다
내 경험상 김치를 직접 담가 손님상에 내고 김치가 맛있는
식당은 어떤 음식을 시켜도 다 맛있다

다정다감 레시피

한번 만들어볼게요

팥은 뭐니 뭐니 해도 국산 팥을 써야겠죠
둥근 볼에 물을 채우고 팥을 잠기게 10여 분 두면 동동 떠오르는 팥알이 있어요
그것은 벌레님이 맛있는 속을 냠냠 파먹고 지나간 것이니 버려야 해요
(유기농이면 더 심하답니다)
자, 물을 따라 버리고 이제 팥을 팍팍 문질러 씻어요
서너 번 헹군 뒤 팥을 삶아요 저는 끓기 시작하면 첫 번째 물은 버린답니다
다시 물을 붓고 팔팔 끓여주세요 물을 충분히 많이 부어야 해요
팥이 물러지도록 푹 삶아야 합니다

앗, 고구마빼떼기는 하루를 불려야 해요 흐르는 물에 깨끗이 씻어 불려요
팥이 삶아지는 동안 밀가루 반죽을 하는데 수제비 반죽보다 되직하게 칼국수용으로 하면 좋아요
반죽을 미리 해서 냉장고에서 숙성을 하면 쫀득함이 배가 되고 특히 밀가루 풀내가 없어지죠

보통은 빼떼기가 없겠죠 밀가루 반죽도 싫을 수가 있고요
그럼 없이 진행하셔도 괜찮습니다
식은 밥 두어 덩이만 있어도 되어요

자, 이제 본격적으로 팥죽 만들기가 시작됩니다

삶아진 팥을 으깨요 그리고 물을 조금씩 넣어가며 체에 받쳐요
팥물이 모아지면 한쪽에 준비한 냄비나 솥에 담아 두세요

다른 한 솥에 고구마빼떼기를 넣고 뭉근하게 익힙니다
빼떼기가 어느 정도 익으면 불을 꺼요
이제 둘을 합해 불을 약하게 조절하며 눋지 않게 저어주며 끓여요
약간의 소금과 설탕을 준비해 기호에 맞게 넣고 드시면 된답니다

입동 지나, 고사리 조기조림

산에 눈이 내렸다는 전갈은 갓 꽃피운 은목서에겐 가슴 철렁할
소식일지도 모르겠다
희디흰 꽃송이 몽글거리며 피어 그 향기 사방으로 풍기며
이렇듯 귀한 향기라니 하는 사람들의 찬양과 감탄으로 이파리들
진저리를 치려는데
이구동성 먼 산에 첫눈이 내렸다며 멀고 먼 나라 부탄에서는
첫눈 내리는 날은 공휴일로 쉰다는 이야기를 은목서를 앞에 두고
하면서 마을 끝 노고단 설경을 잡으려고 휴대폰을 높이 들고
사진 찍기에 몰두한다

단풍은 절정을 넘어 이제 쉬려는 나무에게 부담을 주지
말아야지 하는 생각을 하는지 잠깐의 바람에도 지체 없이

무덤을 향해 곤두박질치는 사나흘여,
산 위 웅크리고 있다가 밤사이 들로 내려온 추위는 라벨의
〈볼레로〉를 듣는 듯한 착각을 하게 한다
15분여 계속되는 같은 선율, 어린 소년병이 두드리는 것 같은
작은북소리 그 북소리와 장단 맞춰 걸어와 아침 강에 안개를
만들며 어깨를 푸는,
안개가 태어나는 모습을 지켜보노라면 산허리 어디쯤에 앉은
마술사가 지팡이를 휘둘러 여기에 쑥 저기에 쑥, 아니 강 끝엔
이렇게 기와집이 있는 곳엔 요롷게 하는 식으로 형이상학적은
이런 거야 하는 식으로 비현실적으로 오는데
날마다 다른 형상으로 탄생하고 소멸하는 안개, 어느 날은 절대
해에게 밀리지 않겠다 작정한 듯 버티다 한순간에 사라진다
그럴 때면 오전 내내 창밖 안개가 언제 사라질까 쳐다보고
있다가 오전을 소비하게 된다

몇 년 전 겨울 이르쿠츠크 안가라강
새벽이슬 지우며 아침이 되도록 몰려다니던 푸른 안개를
기억한다
강의 길이가 1,850여 킬로미터에 이른다고 들었다
1,850킬로미터! 바이칼호에서 시작하는 강, 바이칼이

유일하게 내보내는 물줄기가 리스트뱐카에서 흐르기 시작해
북으로 이르쿠츠크, 브라츠크를 통과해 일림강과 합류해
서쪽으로 흐르다 예니세이강과 합류하기까지 그 길이가
1,850킬로미터라니 러시아가 얼마나 넓은지 숫자로 읽기에도
벅차다
운이 좋아 여름 바이칼에 먼저 다녀오고 그 겨울 바이칼을 또
가게 되었다

여름과 겨울 서로 반대되는 노선으로 여행을 했는데
여름 바이칼은 호수라는 실감을 주지 않았다
바이칼호의 심장이라 말하는 올혼섬에 들어갔는데 선착장에
도착해 러시아 트럭 우아직을 타고 숙소까지 가는 내내 비포장길
언덕을 넘고 또 넘었다
그 언덕은 멀리서 보면 마치 제주도의 오름처럼 보였는데 끝이
보이지 않는 호수는 나이가 2500만 년이나 된다고 하는데
바다처럼 보였다
해질녘엔 그야말로 제주 바다 어디쯤에 와 있는 것 같았다
세계 최대 담수호라 하는 백과사전식의 정보에 호수가 맞나 싶어
바이칼 물을 두 번이나 손으로 떠서 마셨다 시원하고 쨍한 물,
아주 맛있는 생수였다

빈 생수병에 바이칼의 물을 담아 여행 내내 가지고 다니다가
비행기 탑승 전에 다 마셨다
배낭에 몰래 넣어 귀국한 선배도 있다

여름에 시베리아 횡단열차를 타고 이르쿠츠크까지 가서 버스로
바이칼에 도착한 것과 다르게 겨울엔 이르쿠츠크 공항으로 바로
가서 바이칼을 갔다가 다시 이르쿠츠크에서 북경까지 가는 중국
기차로 몽골 방향으로 가는 코스였다

겨울 바이칼호에 가기 위해 도착한 이르쿠츠크 안가라강가
호텔은 새벽부터 오후 늦은 일몰 때까지 안개에 싸여 있었는데
이제껏 경험한 푸른 안개와는 차원이 다른 푸른 안개를 경험한
것이다
입김이 마스크에 얼음을 만들던 영하 30도, 강에서 솟아나듯
자라나는 직립의 물안개가 만든 상고대도 짙푸르게 보였다
아침 9시가 다 되어 일출을 만났는데 푸른빛을 넘어 보라빛
주홍빛, 내가 알고 있는 일출의 빛이 아닌 사진에서 보았던
북극의 오로라가 안가라강 주위로 몰려다니는 듯한 착각을
하게 했다

백 개가 넘는 눈을 가진 자작나무를 본다
여기는 바이칼
추위에 몸을 지키느라 가지가 하나씩 잘려 나갈 때마다
그 자리에 생긴 눈
셀 수 없는 수천수만의 눈을 달고 나를 쳐다보는 자작나무들

물안개가 피어오르는 안가라강
속울음을 참느라 부릅뜬 백 개의 눈가에 맺힌 성에
오산 꼭대기에 올라선 해가 작심한 듯 일발장전 햇살포를
발사하면 마을을 삼켰던 안개는 언제 그랬냐는 듯 강과 들과
마을을 내어놓는다
이때 조성진이 연주하는 라벨《밤의 가스파르》중 제1곡 〈물의
요정〉을 들으면 물방울이 통통 튀기는 피아노 소리 따라 춤추듯
걷히는 안개의 스텝 따라 흔들리는 섬진강이 눈에 꽉 차게
들어온다
안개와 밀고 당기고 오전을 소일하고 나니 안개주의보가
해제되면 선두를 다투며 달리기하듯 바다에 나가 조업을 마친
배들이 돌아오던 풍경이 온다

누군가의 울음을 받아먹고
살집을 키운 도루묵과 명태가 돌아오는 바다

흔적선은 보이지 않는다
더 이상 흔적선을 만들지 않는다
조금 더 달려가면 말무리반도
갈기를 잠재우며 천천히 지나노라면 구선봉
날개옷을 일부러 놓친 선녀와 나무꾼이 명태코를 꿸 것 같은

삼마이 그물의 결속은 어찌 그리 끈끈한지
그물에 박힌 아가미를 가차 없이 날려야
제풀에 축 늘어지던 양미리

기억 6

허기가 몰려온다
이런 날엔
도루묵찌개가 제격인데 지금 이곳엔 도루묵이 없다
며칠 전 삼팔장날 장에 가서 김장용 청각과 조기를 사 왔다

조기김치 담글 요량으로 사 온 조기를 꾸덕하게 말렸는데
고사리를 불려 깔고 조기를 조리기로 하자
물기 가시고 살이 탄탄해져 얼마나 맛있을까를 생각하니 마음이 바쁘다
곡우 지나고 쑥쑥 올라오는 고사리를 끊어 조기를 넣고 끓여 먹는 고사리매운탕* 생각도 간절하고,

* 군산 앞바다 고군산군도에 속한 무녀도의 유명한 향토요리가 고사리매운탕이다
  햇고사리를 삶아 고추장 양념에 조물거린 뒤 조기를 넣고 자작하게 끓인다
  지금은 새만금 방조제 건설과 고군산대교 연결로 육지와 연결되었다
  바로 옆에 선유도 장자도 대장도가 있어 많은 관광객이 몰리는데 참조기가 귀해 우럭으로 끓여낸다고 한다

다정다감 레시피

고사리 조기조림을 한번 만들어볼까요

살짝 뜨겁다 느껴질 정도의 물에 고사리를 담가요
서너 시간 후 물을 갈아주고 고사리를 삶아주세요
삶은 고사리를 건져 찬물에 헹군 뒤 전골냄비에 깔고 조기 여섯 마리를 얹고
진간장 세 숟가락 물 두 컵에
다진 마늘 한 숟가락
어슷 썬 청양고추 두 개(홍고추가 있으면 하나 어슷 썰어 넣어요)
매실청 반 숟가락
고춧가루 한 숟가락 섞은 양념장을 끼얹어 조기가 물에 반쯤 잠기게 한 후 중불에 조립니다
국물을 좋아하면 물을 반 컵 정도 더 넣으면 되어요

고사리를 나물로만 알고 있거나 나물만 먹은 사람들은 그게 무슨 맛이야? 웬 생선과 고사리 할지 모르나 적당히 간이 밴 고사리나물과 조기

살은 무어라 말하기 힘든 게미가 있는 반찬이고 가끔은 술안주다
안개와 줄다리기에 지쳤는지 경주법주에서 나온 찹쌀로 빚은 술 '화랑'을 반병 마시게 했다

바이칼에도 '오물'이라는 물고기가 살고 있었다
리스트뱐카 장터에서 염장해 말린 오물과 훈연해 말린 오물을 팔았는데 이르쿠츠크 마켓에서 산 연어가 너무 짜서 먹을 수 없었던 생각이 나서 사지 않았다(러시아 글을 모르니 알 수가 없었지만)

내가 경험한 러시아 요리는 90퍼센트가 짰다
여름 올혼섬에서 우아직 운전하던 가이드가 장작불을 피운 후 냄비를
걸고 감자를 많이 넣고 국으로 끓인 걸 먹었는데 내 입맛엔 맞지 않아
국물만 몇 스푼 떠먹었는데 한국식으로 조리를 하면 어떨까 싶었었다
고사리를 깔고 조기 대신 오물을 올리면 어떤 맛이 날까 하는 재밌는
생각을 해본다

쇠미역 게찌개
— 경칩 이야기

산에 눈이 내리나 보다
바다에 다녀온 뒤 그물을 부리면 손은 바쁜데 자꾸 설악에
눈길을 보내는 서방이 미워서 참 많이 고단했을 엄마
산에 눈이 내리면 어딜 가고팠던 것일까
고향 돌산까지 가려면 눈이 내리지 않아야 하건만 경칩 지나
봄이로구나 봄, 노래해야 할 날에 눈이라도 내리면
마흔 언저리의 아버지 가슴을 달구던 벌건 숯덩이들!
고향을 떠나온 것에 대한 후회와 그리움, 그것은 금의환향에
대한 강박이어서 시난고난 살아가는 일에 지쳐 그물을
패대기치다가 어쩌다 그물이 찢어질 정도로 아버지 팔 길이를
넘는 커다란 대구라도 서너 마리 걸려 목돈이 생기면 차곡차곡
모아 고향에 땅을 마련했던 귀향으로의 의지는

봄을 끌어당기는 눈이라도 내리는 날이면 그물코에 한숨을 기어
주렴 같은 추를 매달아 배에 싣고 저녁 바다를 준비하고
알 수 없는 곡조로 입 밖을 나와 엄마의 귀를 두드리던 아버지의
타령, 시나브로 잦아들어 수돗가에 놓인 빼빼게 서너 마리를
칼로 탁탁 쳐 자르게 한다
쇠미역 몇 가닥을 훑어 바락바락 씻어 소쿠리에 받쳐 두고
장독대로 가며 나에게 경월소주를 사 오라 시키던 엄마의 눈
이제 생각하니 그것이 부부의 이심전심이었던 것이다

엄마의 손은 마술사의 손이었다
탁탁 잘게 자른 게와 쇠미역과 막장과 마늘 몇 쪽이 어우러진
진한 게찌개를 내고
언제 쪘는지 알 길 없는 김이 마구 피어오르는 술빵 한 판을 잘라
앗, 뜨거를 연발하며 아버지와 자식들의 손을 바쁘게 했다
위가 안 좋은 데다 입이 짧아 엄마 속을 시커멓게 태운 아버지는
늘 밥그릇을 다 비우지 않으시고 반찬에 대해서도 까탈스런
편이셨는데 쇠미역 게찌개는 좋아하셔서 소주를 반주로 저녁을
드시곤 했다

나는 아버지가 반주로 드시는 소주를 사러 가는 심부름이

좋았다 마흔 무렵 담배를 끊기 전엔 애연가이셨는데 담배
심부름도 참 좋았다
담배가게를 겸한 점방이 골목 어귀에 있었다 동네 반장집이면서
동창의 집이면서 언니 친구의 집이고 날 무척 따르던 후배의
집이기도 하면서 귀신들린 이상한 아줌마의 집이다
나무판을 위에서부터 아래까지 세로로 세워 작은 쫄대로 가로
칸막이를 했는데 그 칸이 네 칸이었던 거로 기억한다
제일 위 선반엔 값이 비싼 과자가 올려져 있었다
명절이면 알록달록 색깔도 화려한 커다란 상자에 여러 가지
과자가 들어 있는 종합선물세트가 자리를 차지한다
내려올수록 코 묻은 아이들의 돈을 겨냥한 눈깔사탕과 뻥튀기
커다란 자루엔 강냉이 튀밥이 담겨져 있었는데 지금 생각하니
때가 꼬질꼬질한 주홍색 플라스틱 쌀바가지가 들어 있었다
아, 겨울이면 오란다와 파래가루와 검은깨가 뿌려진 부채과자가
들어 있는 센베이들도 있었는데 아이들이 서리해온 명태를 받고
센베이를 주기도 했었다
말썽꾸러기 소년들이 많았지만 주요 단골은 나와 문애와
창금이었다

담배가게 아저씨의 수다는 너무 재밌어서 이야기를 듣느라

늦어져 혼이 난 날들이 적잖았다
또래 친구들과 언니는 담배가게 아저씨를 무뚝뚝하고 무섭다고
했는데 이상하게 나에겐 친절하셨고 눈깔사탕 제공자이셨고
엄마가 돌아가시자 가끔 일부러 불러 스카치 빠다사탕 한
봉다리를 책가방에 넣어주기도 했다
언젠가 아버지에게서 나를 며느리로 달라는 이야기까지
했었다고 들었다
"내가 노발대발 질색팔색했더니 웃더라"
전주 어디쯤에 있는 그 친구는 아직 미혼이라 듣고 있다

그는 한때 간첩이라 불려졌다
사진리 어디쯤 전수학교 선생이었다고도 하고 수위였다
고도 하고
한산도 거북선 환희 개나리 태양
담배가게를 여고 졸업한 딸에게 맡기고
먼 하늘만 쳐다보던
내 시집 속 "담배가게 아가씨"의 아버지
그는 박정희의 공화당 당원이었다

기억 1

담배가게 아가씨

그녀는 새초롬 이쁜이
드르륵 도르래 달린 여닫이 문을 열고 들어가
거북선 한 갑 주세요 하면
박하사탕과 거북선을 주던 그녀

달도 없던 그믐밤에 나가
가출한 지 열흘이 지나자
단골네는 범 바위 굴속에 있다 하였고
아비는 낫을 들고 단골네를 죽이겠다고 했다

보름 만에
한가위 단대목 모두들 분주하던 한낮
방파제 삼각바위에 떠오른 그녀는
현모양처의 낯빛을 한 채 벌거벗겨져 가마니를 덮고 누워 있었다
내가 목도한 두 번째의 죽음

삼 년이 지난 어느 볕 좋은 날

지푸라기로 엮인 풀각시 되어 그녀가 시집가던 날
창호지 구멍을 뚫고 귀신들의 신혼방을 엿봤던 내게
담배가게 아줌마가 들려 준 알사탕 한 봉지
달달하여서 무서움조차 잊게 했었지

_ b판시선 024 《세상 모든 사랑은 붉어라》 中에서

입안에 쏙 넣은 눈깔사탕을 오물거리며 사 홉들이 소주병을 안고
돌아오면 쇠미역 게찌개가 곤로에서 내려와 두레반상에 올려지고
둘러앉은 여섯 식구 따끈한 술빵을 먹고 찌개를 떠먹느라 바쁘다
곧 고향에 돌아갈 거라며 기분 좋게 소주잔을 비우던 아버지와
오빠 장가들여 고향 가자던 엄마가 있던 그날,
콧날이 시큰해지고 눈앞이 뿌해지나 아름다웠던 풍경을
떠올리며 속초에서 도착한 택배 상자에서 게를 꺼내 정리하고
쇠미역을 훑어내며 씻는다

다정다감 레시피

만들어보아요

재료는
쌀뜨물, 쇠미역 한 단, 홍게 세 마리(꽃게로 대체해도 된답니다), 막장 세 숟가락, 다진 마늘 약간, 고춧가루 아주 조금, 어슷 썬 대파 약간

쌀뜨물이 팔팔 끓기 시작하면 막장을 풀고 토막 낸 게 다리와 자른 몸통을 넣고 숟가락으로 떠먹기 좋은 크기로 썬 쇠미역을 함께 넣고 다진 마늘을 넣어요
5분쯤 끓인 후 고춧가루와 대파를 넣고 다시 한소끔 끓인 후 불을 꺼요
쌀뜨물과 막장이 들어가면 끓어오를 때 거품이 생기는데 보통 이 거품을 불순물이라고 하며 걷어내는데 저는 걷어내지 않는답니다
걷어냈더니 맛이 덜했거든요

솔직히 고백하자면 이 음식은 엄마의 손맛을 그대로 재현하는 올케언니의 솜씨를 따라가기 힘들다
어찌 생각하면 올케가 엄마의 딸인가? 싶을 정도로 제맛을 내고 어느 날은 더 맛있게 느

껴진다

일찍 엄마를 여의고 올케와 살아서인지 내 손맛은 엄마의 유전자를 받았겠으나 그녀의 솜씨 또한 뛰어나 올케의 맛과 가깝다고 느껴질 때가 많다

김장 이야기
— 명태김치(조기김치 또는 갈치김치)

언제부터 김치를 먹기 시작했을까
우리 밥상에 김치가 없다면 어떤 일이 생길까

김치에 관해 너무나 많은 이야기가 있고 그 재료에 따라 각기
다른 이름의 김치가 있다
심지어 '김치의 날'이 제정될 정도이니 한국인의 밥상에서 김치는
밥과 더불어 넘버원의 자리를 차지한다 해도 과언이 아닐 것이다
11가지 이상의 재료를 사용해 만든 김치는 22가지 이상의
효능을 나타낸다 하여 11월 22일을 김치의 날로 재정했다고 한다
일본과 중국이 서로 자신들이 김치의 종주국이라는 망언을
서슴지 않으니 세계인들의 입맛까지 사로잡은 김치는 우리의
자랑이요 자부심이라 생각한다

김치의 주요 효능을 설명하지 않아도 너무나 잘 알고 있으리라
김치가 발효하면서 나오는 유산균은 유럽의 요구르트와 치즈와
견주어도 결코 뒤떨어지지 않는다 한다

김치는 왕실과 반가 음식의 영향을 받은 서울 경기권의 장김치,
소금 대신 젓갈을 넣어 담백한 맛이 특징인 충청도 김치,
산간지역에서 채취한 채소나 작물로 만든 강원도 영서지방의
더덕김치와 고들빼기김치, 해물과 서거리, 오징어를 넣은 강원도
영동지방의 김치, 따뜻한 날씨의 영향으로 젓갈 소금 마늘
고춧가루 등 양념을 진하게 하고 국물이 없게 맵고 짜게 담그는
전라도 김치, 전라도와 비슷한 양념으로 맵고 짜게 담그면서
부추김치 콩잎김치를 담그는 경상도 김치, 연중 따뜻한 날씨로
따로 김장을 담그지 않으나 막 담그는 김치에 해산물을 많이
넣는 제주도, 특히 대표 김치로 동지김치를 꼽는데 배추나 무에
돋아난 장다리 꽃대인 동지로 만드는 별미 김치가 있다고 한다
이야기는 들었으나 먹어본 적은 없다

김치는 계절별로 주재료가 무엇이냐에 따라 봄김치는
돌나물김치 햇배추김치 봄동김치 얼갈이김치 파김치 시금치김치
여름김치로는 열무김치 열무물김치 부추김치 오이소박이김치

양배추김치 가지김치 풋고추김치 오이지
가을김치로는 고들빼기김치 총각김치 파김치 고춧잎김치
가을갓김치 콩잎김치 깻잎김치 통배추김치
겨울김치로는 대표적인 김장김치 보쌈김치 섞박지 통무김치
백김치 동치미 총각김치 등 헤아려보면 그 수가 어마어마하다
적지 못한 김치도 많거니와 집안 대대로 내려오는 김치도 다르고
지역마다 특산물이 무엇이냐에 따라 또는 들어가는 양념인
젓갈에 따라 분류가 되기도 한다

개인적인 체험을 통해 얻은 김치에 대한 생각은 봄동을 시작으로
봄배추는 상큼하여 겉절이로 만들면 맛있고 이후 파김치
돌나물김치 총각김치 풋고추김치 백김치 섞박지 동치미 김장김치
순으로 김치를 담근다
계절마다 그때 가장 신선한 재료로 만든 겉절이를 가장 좋아하고
이후는 김장김치를 많이 담가 저장해놓고 먹는다
요즘은 김치냉장고의 발달로 제철 김치를 만들기보다 배추나 무
그리고 쪽파 알타리가 실하고 맛있을 때 담그는 편이다

바닷가에서 자라서인지 해산물이 김치소로 들어간 김장김치와
명태 아가미로 만든 서거리김치를 주로 먹고 자랐다

자란 곳은 속초이나 부모님의 영향으로 전라도식 김치를 먹고
자랐는데 김치를 담그게 되면 자란 곳 강원도식과 전라도식과
서울경기식이 어우러져 출신이 묘한 김치가 되기도 하지만
주변 지인들 대부분이 전라도 김치라고 말한다

조기김치 명태김치 갈치김치 오징어김치 뽈락김치를 담그려면
가장 중요한 것이 생선의 신선도이다
내 경우 조기와 명태는 살짝 말려서 사용한다
오징어도 하루쯤 물기 빠진 것으로 담그면 식감이 좋다
엄마는 주로 명태를 넣으셨는데 어릴 적엔 명태가 너무 많이 잡혀
명태 서리를 해서 엿과 바꿔 먹기도 했을 정도였다
지금은 금태라는 별호를 들을 정도로 생태를 만나는 일이
힘들고 우리가 흔히 먹는 북어와(황태 먹태 노가리) 동태는 모두
수입산이다
한때 북한산産 명태가 들어오기도 했는데 개성공단이 닫힌 후
수입되던 북한산 표고 가리비 명태가 아쉽고 그립기도 하다

생선이 들어간 김치는 바로 먹는 것이 아니라 겨울 끝 무렵부터
먹는다
항아리에 묻힌 채 긴 겨울을 마치고 얼었던 흙들이 포슬거리며

살아나면 냉이나 쑥이 여기저기 얼굴을 내민다
그때 뼈가 삭은 명태김치를 꺼내 먹는데 그 맛이 기가 막히다
지금은 김치냉장고가 있어 보관이 용이하니 여름 장마철에 먹는
여름용 김치가 되었다
꾸물거리는 날씨 비라도 새초롬 내리는 날 명태김치나
조기김치를 꺼내 비 추럼이라도 할라치면 막걸리 한 병 곁들여
기가 막힌 안주가 되기도 한다

마당이 있는 집에서 자랐다
붉은 칸나와 다알리아가 키를 다투며 피어나던 화단 앞
당일바리 오징어가 넘쳐나던 여름의 기억과
양미리를 절이고 도루묵을 절이고 셀 수 없이 높이 쌓여 있던
배추와 바닷물이 출렁거리던 드럼통이 있던 겨울날의 기억은
풍성하고 풍성하여 입꼬리를 올리며 웃게 한다
고향 여수 돌산을 떠나 속초에서 사는 일은 가끔
아슬아슬하기도 했지만 그것과 상관없이 손이 크셨던 엄마는 늘
음식을 넉넉하게 만드셨고 전라도의 맛을 이웃에게 선보이느라
바쁘셨다
고추장을 담그거나 여름 겉절이나 겨울 김장을 장만하실
때 이웃과 다른 솜씨와 맛으로 잔칫집 같은 분위기를 곧잘

연출하셔서 심부름을 도맡던 나도 덩달아 바빴다
결혼 후 마당이 있는 집에서 줄곧 살았고 두 해 전에 아파트로
옮겼는데 나의 마당도 김장 항아리를 묻고 창고 위 장독대를
장만해 엄마의 마당과 많이 닮았었다

언젠가 방송에서 김장대첩이라는 말을 들었다
엄마의 김장은 그야말로 김장대첩이었다
화단의 꽃들이 자취를 감추면 그곳에 커다란 항아리를 네 개
묻는데 김장독을 묻는 일이 김장대첩 중 제일 먼저 해야 하는
일이었다
집 뒤란에 있던 항아리를 들고 나와 뚜껑을 열면 봄에 담근
엄마표 멸치젓이 솥으로 들어갈 차례가 된다
장작을 피우고 커다란 솥을 걸고
젓갈을 팔팔 끓이셨고(속초에서도 멸치가 많이 잡혔다)
찹쌀죽도 커다란 솥 가득 끓이셨다
드럼통 속 바닷물에 절여진 배추는 새벽에 씻어 물을 뺀 상태로
넓은 널빤지 위 바구니에서 대기하고 있었는데 바닷물에 절인
배추는 상상을 초월하는 그 어떤 맛이 있었다
마늘과 생강 엄마만의 비법 육수와 찹쌀풀, 밤새 강판에 간 무즙
그리고 여름내 말려 두었던 청각을 불려 확독*에 간다

비법 육수에 고춧가루를 풀어 고추장처럼 개어놓으셨는데
어렸던 나는 오랫동안 고추장으로 김치를 담근다고 생각했다

너무나 많았던 배추를 버무리는 일은 옆집 뒷집 골목 밖에서
오신 여러 엄마들의 손에서 춤추듯 버무려졌고 명태 속은 엄마가
담당했던 거로 기억한다
품앗이의 전형적인 예가 김장이었으니 한 집 걸러 또 한 집 하는
식으로 몇 날 며칠 동네가 김치냄새로 충만했는데 우리집만
전라도식 김치여서 아줌마들이 김장을 할 때마다 신기해했고
김장을 마치고 엄마표 팥죽에 겉절이로 속을 채우시곤
한 양푼씩 들고 가셨다

세상에서 가장 맛있는 김치는 엄마의 김치다
나도 그렇고 내 친구도 그렇고 내 선배들도 그렇고 내 아들도
그렇다고 한다
언젠가 초등학교 시험 문제로 김치의 종류를 쓰라고 했더니

- 확독은 옹기로 구운 둥근 함지박형 그릇으로 그릇 안쪽에 우툴두툴한 요철이 있고 옹기 방망이로 마늘 고추 생강 새우젓 등 양념류를 가는 믹서의 기능을 하는 전통 용기다
  확독에 물고추를 갈아 여름김치를 담그면 아주 맛이 좋다

종갓집김치 농협김치 홍진경김치… 등등을 써서 제출했다는
우스갯소리를 들었는데 그만큼 담가 먹는 김치보다 마트나
홈쇼핑에서 사 먹는 김치가 익숙하다는 이야기이리라
어쩔 수 없이 김치를 사 먹은 경우가 있는데 외국에 나갈 때
면세점에서 파는 포장된 김치였다
한 번 경험한 뒤론 어떻게 해서든 김치를 잘 포장해 가지고
나간다(캐리어 속에 휴대용 아이스박스를 넣어 간다)
국내 여행이 아닌 외국 여행 때 김치는 그야말로 절대적으로
필요한 반찬이다
겨울 바이칼호 올혼섬 통나무 숙소에서 보드카와 함께 먹은
김치는 잊을 수 없는 김치였다

내 김치의 역사는 자취생부터인데 김치를 사 먹은 적이 없는
것이다
배추로 만드는 맛김치를 시작으로 깍두기 포기김치, 결혼 후엔
먹고 자란 김치, 이런저런 연유로 알게 된 김치, 다른 사람의
솜씨를 맛본 후 배우게 된 김치 등 모두 직접 만들었다
그중 조기김치는 배웠고 명태김치는 먹고 자란 김치이니 김장
때면 해를 바꿔가며 교차해서 만드는데 3년여 조기김치를
담그지 못했다

생물 조기 가격이 너무 비싸졌고 아파트로 옮긴 후라 마당에
묻을 수 없게 된 것이 가장 큰 이유다
조기김치는 땅에 묻어야 제맛이 난다
항아리 속에서 흙의 기운을 받아야 조기뼈가 제대로 삭고 조기
자체의 고소한 기름과 어우러진다
조기와 달리 생선살과 껍질에 기름이 거의 없는 명태김치는
베란다에 모신 항아리에서 익힌 후 김치냉장고로 옮겨도 그 맛이
일정하다
다른 김장들도 베란다 항아리에서 익혀 옮긴다
김장은 특히 많이 함께 어우러져야 깊은 맛이 나기 때문이다
많이 번거롭지만 반찬 중 제1순위이므로 정성을 들여야 한다고
생각한다

요즘은 절임 배추가 대세인 듯하다
아파트로 이사 후 가장 힘든 것이 물일을 할 때
큰 그릇과 큰 바구니, 수도에 연결한 호스로 이리저리 다듬고
씻고 헹구고 물기를 빼고
속초나 남해에서 생선이 오면 비늘을 치고 다듬어 절이거나
말렸는데 마당이 없다는 것은 그 모든 일을 포기해야 하는
것이고, 장독대 위 건조대와 빨랫줄을 이용하지 못하는 일은

가끔 슬프기도 하고 서럽기도 하다
배추를 절이거나 무를 씻어 절일 때도 너무 힘들고 곤혹스럽다
효소를 담그는 일은 매실청을 제외하곤 멈춘 상태다
초겨울 코끝을 시리게 하는 싸한 바람과 아슬아슬한 햇살
아래 장화나 털신을 신고 배추를 절이고 뒤집고 씻어 헹군 뒤
바구니를 걸친 물받이로 물기를 빼는 일은 힘든 노동 같으나
내겐 흥겨운 그 어떤 가락이고 추임새다

늘 그랬다
병든 시부모님과 함께 살 때도 절임 배추는 내겐 있을 수 없는
일이었다
일단 소금을 믿을 수 없기 때문이다
내가 고른 염전의 소금을 사용해 김장을 하는 일은 행복한
일이었으니,
잘 자란 90일 배추를 사와 쪼개고 절이고 헹구고 마련한 양념에
버무리는 일을 지금도 하고 있다

아파트, 그렇다! 그것이 난관이지만 35포기까지는 절일 수
있더라
30포기 기준으로 명태김치는 5포기 정도로 담근다

알타리로 담그는 경우는 석 단이고 돌산갓으로 만드는 경우도 넉 단이다

마당 한쪽 드럼통에선 생선 상자가 타닥거리며 붉은 여우 꼬리를 태우는 듯 활활 타고
찹쌀죽이 끓고
돌산댁의 비법 육수가 끓고
산더미 같았던 절인 배추가 땅속에 묻힐 준비를 하고
나는 무우꽁다리를 물고 독구랑 술래잡기를 하고
김장을 마친 마당을 청소하던 아버지는 너무나 젊었다

기억 12

 다정다감 레시피

명태김치를 만들어볼게요

명태는 큰 코다리로 스무 마리 한 두름으로 장만하고
조기를 넣을 경우 사흘쯤 말려 두 두름을 준비합니다
명태는 머리를 자르고 꼬리 자르고 가운데를 갈라 뼈를 빼낸 후 다섯
토막으로 잘라 소금 한 주먹 넣어 버무려두세요
5시간쯤 절이고 한 번 헹군 뒤 마른행주로 물기를 제거합니다
조기는 비늘을 잘 쳐낸 후 내장을 빼지 않고 그대로 말려요(머리 꼬리 떼
고 배 갈라 내장도 뺀 후 담가 봤는데 맛이 덜했어요)
갈치를 넣기도 하는데 갈치는 은빛 비늘을 최대한 긁어낸 후 손가락 두
마디 길이 정도로 토막을 내고 약간의 소금을 뿌려 살짝 절여요

남해 미조산 멸치젓은 끓여놨고
북어 보리새우 다시마 무 파뿌리 소고기 사태 덩어리 열심히 끓고 있고
찹쌀풀 쑤고 청각 불리고
다진 마늘과 다진 생강과 잘 갈아놓은 무와 유기농 고춧가루와 내 두 손,
찹쌀풀과 육수에 엄마처럼 고춧가루를 개어놓아요
배추 사이 질러 넣을 무를 큼직하게 썰어 따로 담아 살짝 절이고 갓과
쪽파와 대파를 써는 사이 고춧가루는 잘 섞여 매콤하고 달큰한 냄새로

다음 재료를 넣으라 알려주네요

준비된 양념과 청록빛 만개한 부재료를 넣고 잘 섞으면 배추에 바를 양념 준비 끝이에요

모두 아는 방법으로 배춧잎 앞뒤 골고루 양념이 묻게 바르고 준비한 명태나 조기 갈치를 양념에 버무려 배추 사이사이에 넣으면 됩니다

목련꽃 환하게 피는 봄날 잘 익은 명태김치를 꺼내 따끈한 밥과 함께 먹으면 꽉 찬 봄이 성큼 다가오고 곧 피어날 벚꽃을 미리 만나는 기분이 된다

봄

햇살그물

가자미조림 가자미 미역국
또는 도다리쑥국
— 백석도 가자미를 좋아했다

대청봉과 공룡능선 잔설이 다 녹아야 비로소 봄이라 여기는
사람들이 사는 곳
풀을 묶은 땅, 속초
설악산 진입로에 벚꽃이 꽃 몸살을 앓으며 분홍의 꽃 몽우리를
오종종 달기 시작하면 바다에도 비늘꽃이 만발한다
물이 바뀌면서 도루묵 양미리 명태와 대구가 자취를 감추기
시작하면 꽁치 새치 가자미 청어 등,
먼 바다를 헤엄쳐 남대천에 황어도 돌아오고 출항하는 날보다
항구 안쪽 얼음을 매달고 묶여 있는 날들이 많았던 배들이
뱃공장에 들어 옷도 갈아입고 깃발도 새로 달고
삼마이 그물도 한 채 새로 들이고 밧줄이며 부표 등 어구들을
새로 장만하거나 보충해 새치와 가자미 잡을 채비를 단단히 한다

가자미는 보통 물가자미 참가자미 노랑가자미로 알고 있는데
강원도 바닷가에서 물가자미는 말려서 전이나 말려서 쪄 먹으며
식해용으로 많이 소비되고 경상도에서 보통 참가자미로 알고
있는 어기가자미는 진짜 이름이 용가자미라고 한다
물가자미는 뼈째 썰어 막회나 회무침 물회에 섞어 먹고
어기가자미는 생으로 조리고 굽기도 하지만 꾸덕하게 말려
굽거나 조려도 맛이 일품이다
참가자미는 배 쪽과 꼬리 안쪽이 노란색을 띄고 있어 일반적으로
노랑가자미로 부르는데 진짜 노랑가자미는 배 쪽이 전체적으로
노란색으로 많이 귀한 가자미다

입항을 마친 배들이 어판장에 그물을 부려놓으면 재빨리
그물에서 가자미를 벗겨내야 한다
그 시절 배들은 엔진의 성능이 떨어져 배가 달리는 속도가
지금과 다르게 더디고 갑판과 선창이 크지도 않아 걷어 올린
그물을 그대로 싣고 왔다
그물에서 놓여난 가자미는 선도에 따라 싱싱한 것은 상자에 실려
상회로 가고 조금 처지거나 아가미 쪽이 상한 것은 소금물에
헹궈 말린다
지금은 기술이 좋아 잡아 올린 가자미를 살려오기도 하고 배의

마력도 높아 항구까지 거리가 단축되기도 했거니와 냉장 시설이
좋아져서 선도가 아주 좋은 가자미는 뼈째 썰어 세꼬시로 즐기고
회무침 회국수 인기 좋은 물회의 주재료가 되는 가자미,
우리 집 제사상엔 잘 말려 찐 아까가리로 불리는 홍가자미와
어기가자미가 반드시 올라간다
속초에서 인기가 좋은 물가자미는 이북 사람들이 남하하여
정착하면서 속초의 명물이 된 함흥냉면의 고명°으로 얹는
회무침의 주재료였고 해때기식해 도루묵식해가 주를 이루던
시절이 지나 요즘은 명태식해와 함께 선두 다툼을 벌이는
가자미식해가 된다

건강에 관심이 많아지고 피부 노화에 예민한 세상이 되었다
잘 먹고 잘 싸는 것이 사는 내내 화두가 되는 세상이다
콜라겐 이야기를 해보자 콜라겐은 동맥을 구성하는 성분 중

- 속초식 회냉면 고명으로 '가자미회'를 올리는 집은 거의 없다
  피난 온 함흥아바이들이 만들던 함흥냉면은 3세대까지 내려왔고 지금은 러
  시아산 동태를 녹여 절이고 무쳐 '명태회'라는 이름으로 올린다
  회냉면 집에서 말하는 회는 일반 회무침과 다르다
  냉면집 회는 소금과 설탕과 식초에 절였다가 무친다
  집집마다 그 비법이 달라 냉면집 주방장의 육수 빼는 솜씨와 회무침 솜씨에
  따라 희비가 엇갈리는 인기가 있다

하나다 그러니 콜라겐이 부족하면 동맥이 약해지고 약해진 동맥이 혈액을 운반하는 데 힘이 들어 심장이나 혈관에 무리가 간다 한다

콜라겐은 근육과 뼈 강화에도 도움을 준다는데 관절이 안 좋은 사람에게 꼭 필요한 것이 콜라겐이라고도 하니 콜라겐을 건강식품으로 치료보조제로 많이 만들어 광고를 하고 심지어 홈쇼핑에서도 팔고 갱년기 여성의 경우 절대적으로 섭취해야 할 보조식품이 되어 있다

콜라겐은 소껍질 돼지껍질 생선 식물 등에서 추출하는데 한때 유비통신으로 돼지껍질이 콜라겐 덩어리라며 열심히 먹어야 한다고들 했다

질긴 껍질을 삶아 묵을 만들기도 하고 불판에 구워 먹는데 동물성 콜라겐은 그 흡수율이 미미하여 식물성 콜라겐으로 아주 비싼 제품을 만들어 팔았다

지금 나오는 제품들은 생선에서 추출한 콜라겐이 주를 이룬다 약장사 같은 이야기였는데 하려는 말은 가자미에 들어 있는 콜라겐을 말하고 싶어서이다

가자미에는 콜라겐이 풍부하고 흡수율도 높은데 조림으로 먹을 경우 특별하게 콜라겐을 섭취하게 된다

가자미를 저녁에 조렸다가 남아 아침에 다시 먹으려고 냄비

뚜껑을 열어보면 가자미 주위가 양념과 함께 젤리처럼 변한 것을 볼 수 있다
콜라겐이 녹아 굳은 것이다
어려서부터 우리 세 자매는 찐 가자미를 너무 좋아했는데 가장 좋아하는 사람이 언니다
모두 모여 식사를 할 때면 가장 먼저 가자미에게 젓가락을 대는 사람이 언니고 우스갯소리로 나와 동생은 속 쓰린 양보를 한다
우리 셋은 따로 콜라겐 제품을 먹지 않는다

가자미

몸 풀 날 기다리며
온몸으로 물살을 가르는 가자미들

지금 이 시간
봄바다는 끓고 있을 거야

지느러미마다 꽉 찬 기름
바다를 떠나 네가 당도한 서울은 얼마만큼의 거리인가

무정천리 봄눈 내린 날
유정천리 비늘꽃이 마르는 시간
포말도 잊고 낚시바늘도 지우고
모래속에 부려놓은 일가의 역사
누운 채로 생을 살다 지우는구나

기억 2

많은 사람들이 좋아하는 시인 특히 시인들이 사랑하는 시인 백석
그가 남긴 시 100여 편 속에 100개가 넘는 음식이 나오는데
국수 동치미국 산꿩고기 메밀국수 가재미 등등 평안북도 정주가
고향이어서인지 이북 음식을 많이 언급한다
그중 가자미를 주인공으로 노래한 시인의 〈선우사膳友辭〉가 있다

선우사

낡은 나조반에 흰밥도 가재미도 나도 나와 앉아서
쓸쓸한 저녁을 맞는다

흰밥과 가재미와 나는
우리들은 그 무슨 이야기라도 다 할 것 같다
우리들은 서로 미덥고 정답고 그리고 서로 좋구나

우리들은 맑은 물밑 해정한 모래톱에서 하구 긴 날을 모래알만 헤이며 잔뼈가 굵은 탓이다
바람 좋은 한벌판에서 물닭이 소리를 들으며 단이슬 먹고 나이 들은 탓이다
외따른 산골에서 소리개 소리 배우며 다람쥐 동무하고 자라난 탓이다

우리들은 모두 욕심이 없어 희여졌다
착하디착해서 세괸은 가시 하나 손아귀 하나 없다
너무나 정갈해서 이렇게 파리했다

우리들은 가난해도 서럽지 않다
우리들은 외로워할 까닭도 없다
그리고 누구 하나 부럽지 않다

흰밥과 가재미와 나는

우리들이 같이 있으면
세상 같은 건 밖에 나도 좋을 것 같다

가난한 그가 볼품없이 작은 밥상에 올린 흰밥 한 그릇과 구운
가자미를 먹으며 가난해도 외로워도 "흰밥과 가재미와 나는
우리들이 같이 있으면 세상 같은 건 밖에 나도 좋을 것 같다"라니
그에게 가자미는 고향이요 소울푸드였었나 보다

흰밥과 구운 가자미가 전부인 밥상
그 옆에 홍가자미로 끓인 가자미 미역국 한 대접과 물가자미로
삭혀 빨갛게 버무린 가자미식해 한 접시 올려주고프다

어리디어린 첫 쑥이 나오기 시작할 때 도다리를 끓이는 남해
가자미가 나기 시작하면 가자미 미역국을 끓이는 속초
두 가지 다 봄의 맛으로 시원함이 겨우내 웅크렸던 몸속
기관들을 품어 녹여주는 따뜻한 음식이다

🌸 다정다감 레시피

가자미조림을 먼저 만들어볼까요
(물가자미 용가자미 홍가자미 다 가능해요)

재료는 가자미 두 마리 기준으로
무 1/4토막 또는 감자 두 알

무 1/4을 3~4밀리미터 정도 두께로 나박 썰어 전골팬에 깔아줍니다
(감자를 넣을 경우 1센티미터 두께로 썰어 물에 한 번 헹구세요)
마리당 네 토막을 낸 가자미를 얹고
물 한 대접에 간장 세 숟가락, 다진 마늘 반 숟가락, 어슷 썬 청양고추 두 개, 고춧가루 한 숟가락, 매실청 반 숟가락 섞어

가자미 위에 골고루 끼얹고 끓여요

10분쯤 끓인 후 어슷 썬 대파 반 뿌리 올리고

3분 후 불을 끄면 가자미조림이 완성된답니다

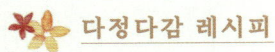 다정다감 레시피

가자미 미역국을 끓여볼게요

찬물에 소금을 조금 풀고 미역을 담가 불려요
가자미의 비늘을 긁어내고 한 마리당 네 토막 정도로 자르고
불은 미역을 빠락빠락 치대어 깨끗이 헹군 뒤 적당한 크기로 썹니다
둥근 웍을(냄비나 국솥) 불에 뜨겁게 달군 뒤 참기름 한 숟가락과
물 반 컵 그리고 미역을 넣고 볶아줘요
고소한 냄새가 올라오면서 미역이 새파랗게 볶아지면 물을 붓고 팔팔 끓입니다
10여 분 끓인 후 가자미와 다진 마늘을 넣고 10분 정도 더 끓여요

오래 끓일수록 맛있다는 사람이 있고 오래 끓이면 비린 맛이 강해진다는 사람이 있다
모든 음식에는 호불호가 갈리는데 내 경우 일반 미역국은 미역 양에 따라 달라지지만 조금 오래 끓이고 두 번째 데워 먹을 때가 더 맛있고 가자미나 도다리 또는 우럭이 들어갈 경우 생선이 익고 3~4분 후 불을 끈다

미역국
— 첫날 밤 둘째 날 밤 그리고 마지막 밤[•]

봄눈

부론 가는 길
공제선상의 나목들
하늘머리를 참빗으로 빗고
팔을 가지런히 모은다

잔설을 헤치고
봄꽃이 나오는 시간
쭉 찢어지는 하늘광목 한 필

• 무라카미 류 소설의 제목

다투어 움트는 어린것들 위로
와글거리며 쏟아지는 솜털들
봄맞이 눈물보따리 터져버렸네

_〈열린시학〉 87호, 여름호

언젠가 생일날 눈이 내렸다
양력으로 식목일이었는데 연휴였고 삼일절 저녁 양주를 한 병 들고
집으로 놀러왔던 문애가 남편에게 협박 비슷한 그 무엇으로 휴가를
받아 아이와 문애 그리고 나 셋이 서울을 떠나 2박 3일 일정으로
삼포에 있는 코레스코 콘도에 도착한 우리는 너무 신이 났다
숙소 아래 백사장에 나가 맨발로 봄이 온 바다 모래사장을
뛰어다니며 소리를 질렀다
해당화 들썩거리며 꽃 피울 채비 한창이고 고운 모래벌에 작은
조가비들이 빛나고 있었다
결혼 후 집도 아니고 친정도 아니고 밖에서 생일을 맞는 일이
처음이라 나는 무엇부터 해야 할지 몰라 난감해하면서도 웃기만
했다
나와 달리 문애는 시간별로 일정을 짜왔는데 나를 위해 하고

싶은 일정과 만나야 할 사람의 명단을 보여주었는데 너무 많았다
봄이 오기 전 겨울 막바지 가출 후 남자친구와 다녔던 코스대로
돌아다닐 작정이었는지 그 반경이 허가증이 있어야 들어갈 수
있는 건봉사까지였다
이야기로만 들은 능파교에서의 일을 추억하려는 어떤 맹목적
집착을 보였다
"나를 위한 계획이 맞냐?"라며 놀렸으나 그렇다며 정색을 했던
아이

제일 처음 한 일이 간성에 살고 있는 친구를 불러내 고스톱을
치는 일이었다
나는 화투를 할 줄 모르는데 간성에서 나온 친구와 친구
아들(친구가 일찍 결혼해 아들이 초등 5학년인가 그랬다) 문에 셋, 아주
신이 나서 고와 스톱과 광을 팔고 샀고
내가 모르는 단어들이 총출동하여 방석 위에서 춤을 췄다
아이는 삼단 변신 로보트를 조립하며 빵빠레를 먹었고 나는
빨리 고스톱 그만하고 가진항으로 가자며 조르고
다섯이 각자의 주장을 떠들며 웃었다

첫날 밤을 맞이하려면 든든하게 저녁을 먹어야 했다

화투장을 놓기 싫어하는 친구들에게 화를 내려고 하는 찰라
둘이 벌떡 일어서며 말한다
"자, 어서 가자 가진으로!!!"
나는 피식 웃음이 나왔다
지금은 가진항 활어회센터가 번듯하게 지어져 있지만 그땐
나무판자와 천막으로 쓰는 포장비닐로 잇댄 간이식당 같은
구조였다
특히 화장실이 불편했는데 그래도 자연산 회가 가진처럼 맛있는
곳이 드물었고 물회는 너무나 맛있어서 지금까지도 물회는
"가진이야 가진이지!" 하며 가진으로 간다
영동횟집으로 기억하는데 그곳은 남자 동창들도 자주 찾는
우리들의 단골집
뼈가 억세져 맛이 없을 거라던 끝물 도치숙회도 있었고
꽁치다짐과 가자미회 전복치 등 여러 종류가 모둠으로 나온
회 접시를 앞에 두고 우리는 환호성을 질렀다
자연산 회와 물회와 경월 그린소주와 미역줄기 초무침
한마디로 아름다운 생일 전야 밥상이었다
생일날 긴 국수를 먹어야 한다며 미리 당겨 먹는 거도 좋지 하며
억지로 한 뭉치 내 그릇에 넣고 문애는 물회에 소면 사리를
세 뭉치나 먹었다

우리는 부른 배를 두드리며 숙소로 되돌아와 그 근처 노래방에서
목이 터져라 노래를 불렀고 그렇게 첫날 밤이 깊어갔다

친구와 그 아들은 간성으로 돌아가고 둘이 밤새 무언가를
이야기하다 새벽녘에 잠이 들었는데 7시 조금 넘어 간성 사는
친구가 미역국을 한 냄비 들고 들어왔다
엄마도 아니고 가족도 아닌 남이 끓인 최초의 미역국을 먹은 거다
급하게 끓여오느라 미역이 덜 풀려 다시 바다로 돌아갈 준비를
하는 듯했지만 미역국은 눈물 나게 맛있었다

어찌어찌 시간이 가고 점심 무렵 설악에 올랐다
아이 둘과 여자 셋 다른 곳은 패스하고 권금성행 케이블카를
탔는데 권금성에 막 닿으려는 순간 눈이 내리기 시작했다
펄펄 날리는 눈과 우리는 하나가 된 듯 좋아했고 생일에 겨울
마지막 눈이 아니라 사월에 만나는 첫눈이라며 호들갑을 떨며
되짚어 내려가는 줄에 섰다
바로 그때 빈 가지 사이를 횡단하듯 날아가는 눈송이들 산 아래
바다에 누가 먼저 닿나 서로 달리기를 겨루는 것처럼 보였는데
나는 그 눈송이들이 언뜻 두 해 전 나를 덮쳤던 폭설같이 느껴져
순간 마음이 서늘해졌다

아이를 놓치고
땅바닥만 보고 걸었다
그래도 넘어졌다

폭설이 내릴 거라는 소문을 믿고 설악에 들어 짐을 푼 다음날
소문은 사실이 되었다

나흘을 눈에 갇혀 바닥만 보고 걸어 다녔다
소나무 가지에 몸을 부렸던 눈들이
한 몸으로 내게 덮쳤는데
가지에 머리를 맞고 고개를 들었다

눈밭에 떨어진 핏방울들

길이 뚫리고
비로소 하늘을 쳐다볼 수 있었던 나는
동해고속 1번을 타고 바다에 닿았다

기억 4

생일날인 둘째 날 밤을 향한 친구 둘의 계획은 너무나 많았고
바빴다
갑자기 내린 봄눈으로 계획은 수정되었고 늦은 점심에 아이들은
배가 고프다고 했고 우리는 서둘러 이조면옥으로 갔다
회냉면 곱빼기 네 그릇과 갈비탕을 주문해 깔끔하게 먹고 다시
숙소로 왔고 저녁엔 간성 친구 남편이 밥을 낸다고 하여 콘도
아래 바다와 백사장 모래알을 헤아리며 굴러다녔다
남은 시간은 2시간, 아이 둘은 작은 방에서 테트리스를 하느라
정신이 없었고 굴러다니다 갑자기 멈춘 문애는 무언가를 해야
한다며 방으로 들어갔고 나는 설핏 잠이 들었다

리어카에 잔뜩 실려 활복장으로 가는 명태 꾸러미를 서리해
엿장수와 바꾼 엿을 씹으며 친구들과 엿치기를 하며 웃고, 또
엿을 뚝 분질러 구멍에 후 바람을 넣으며 엿치기를 열심히 하는
꿈을 꾸는데 흔들어 깨우는 문애,
어딘가를 가자며 차에 타라고 했다
테트리스를 하는 아이들은 걱정 말고 다녀오라고 했고 잠에서 덜
깬 내가 얼떨결에 실려 간 곳은 나포리아였다
나포리아, 그곳은 속초와 봉포리 사이 나름 유명한 곳이었다
바위로 연결된 바닷가 절벽 옆에 지은 카페 겸 레스토랑이었는데

바로 옆에 군인 초소가 있고 출입금지 팻말이 달린 철책선이 이어져 있어 '이곳에 어떻게 허가를 내서 지었을까? 어떤 빽을 썼을까?' 하며 갈 때마다 이야기를 하게 되는 풍경이 아름답고 멋진 곳이다
기다리고 있으면 누군가 날 만나러 올 거라며 날 두고 가버린 문애,
넓은 바위 너머 바다를 바라보며 한참을 기다려도 그 누군가는 오지 않았다
17세기 네덜란드풍으로 건설했다는 하우스텐보스 어느 호텔에서 관자 요리를 먹던 소설 속 여인처럼 기다림은 궁금증을 앞세워 무료하지도 지루하지도 않았다
해질녘 6시 반경 도착했는데 1시간 가까이 되자 카페 조명등이 비추는 곳만 환하고 바다는 어둠으로 꽉 차기 시작했다
'낮에 내린 눈은 흔적도 없구나, 사는 내내 용을 쓰지만 죽으면 그 무엇도 안 남겠지…' 뭐 그런 생각을 하고 있었던 것 같다
기다리던 시간이 1시간을 넘기자 갑자기 누구인지 짐작이 되어서 벌떡 일어났다
얼마나 급하게 일어났는지 빈 물 컵이 넘어졌고 냅킨통도 아래로 떨어졌다
허리를 숙여 냅킨통을 집어 올리는데 하필이면 그 순간 누군가

다가와 등을 일으켜 세웠다
멍청하게 기다리다 갑자기 짐작된 그 누군가가 맞았다
나는 당황했지만 당황하지 않은 척, 편안한 척, 척하느라 등에서
진땀이 났다
지금 돌이켜 생각해보면 그날 만나지 않았어야 했다

둘째 날 밤은 곤혹스런 밤이었다

셋째 날 아침 우리는 라면을 끓여 먹고 건봉사로 향했다
간성 친구 남편이 형사여서 일사분란하게 통과 통과하며
건봉사에 도착했고 불이문 앞에 한참을 서 있다가 능파교 아래서
돌 사이를 뛰어다니며 '나 잡아 봐라'도 하고 돌멩이 두 개를
가방에 넣기도 하고(보물로 지정되기 전이었다)
조금씩 복원이 되고 있는 건봉사의 여기저기를 돌아 진신사리를
모신 법당에 들어 한참을 앉아 있다 나왔다(문애가 백팔 배를 했다)
나 없이 저녁을 샀다며 점심을 먹이겠다는 친구 남편의 청을
거절하고 우리는 각자 헤어져 화진포에 갔고 되짚어 나와
진부령을 넘어 서울로 향했다

산으로 바다로 절집으로 마지막 화진포까지 2박 3일 꼭 찬

생일잔치를 마치고 집으로 돌아오니 저녁 9시
미역을 뜨거운 물에 담갔다가 재빨리 꺼내 30분쯤 불려
미역국을 끓였다
아이가 미역국 타령을 했기 때문이다
"○○이모 미역국은 이상해 엄마 미역국 먹고 싶어"
서둘러 끓였지만 아이는 잠들어버린 뒤였다

미역국의 가장 중요한 재료는 미역이다
어느 곳에서 자란 미역인지 양식 미역인지 뿌리째 말린 장각인지
아니면 잘라서 말린 미역인지 염장 미역인지
가장 맛있다고 소문난 미역은 진도 맹골군도에 위치한 섬에서
나는 돌미역이다
딱 한 번 장각 세 장이 생겨 한 달에 세 번, 네 달 정도 끓여
먹었던 거로 기억한다
아버님 앞으로 도착한 선물이었다
처음 한 번은 참기름에 달달 볶다가 아무것도 안 넣고
미역으로만 국을 끓였는데 사골을 끓인 것처럼 뽀얀 국물이
우러났다
보낸 사람이 그렇게 끓여보라고 적어서 보냈기 때문이다
두 번째부터는 소고기를 넣어야 했다 아버님이 "우찌 이리

멀겋게 끓였다요" 하셨기 때문이다
육고기를 좋아하셨던 분이라 미역국에 소고기가 없다는 걸
이해하지 않으셨다
가끔 굴을 넣기도 했는데 한 끼는 드셔도 이후로는 소고기를
내놓으라 하셨다

다른 곳의 돌미역도 맛있다
자연산이라는 이름을 앞에 놓은 진도, 완도, 남해, 거제도,
추자도, 마라도, 백령도, 포항 구룡포, 울진, 여수 개도, 거진,
대체로 국물이 맑고 시원하다(내가 끓여본 미역이다)
그 외 더 있지만 해녀가 있는 바닷가나 섬, 물질을 해서 채취한
미역은 정말 맛있다
특히 말리지 않은 생미역으로 끓인 미역국은 무어라 표현하기
힘든 귀한 맛이다
염장 미역도 끓여봤는데 염장 미역은 짧은 시간 빨리 끓여 먹고
남기지 않는 것이 좋았다
돌미역은 끓인 후 두 번째 데워 먹을 때가 가장 맛있다
나는 미역을 불릴 때 소금을 조금 넣고 불린다 그게 더 싱싱하게
불려지더라
국은 6인분 정도 끓여야 제맛을 낸다 조금 끓인 국은 이상하게

맛이 덜하다

예전 우리나라 가족이 6인을 기준으로 삼아서일까? 하는 우스운 생각도 한 적이 있다

다정다감 레시피

미역국을 끓여볼게요

재료는 4인 기준으로
미역 30그램, 소고기 반 근 300그램, 참기름 두 숟가락, 국간장 두 숟가락(액젓을 조금 넣는 경우도 있어요), 천일염 조금, 물 3리터

미역을 30분 정도 불린 후 손에 힘을 줘가며 빠락빠락 치대어 씻은 후 서너 번 헹궈 물기가 빠지게 채반에 받쳐 두세요
국 냄비를 달군 후 참기름과 소고기를 넣고 빠르게 볶아줍니다
고기가 익으면 물 빠진 미역을 적당히 잘라 간장과 함께 넣고 3분 정도 볶아줘요(간장은 조선간장이 깔끔하고 맛있어요 간혹 갈치액젓을 쓰기도 하는데 소고기 미역국의 경우 별로더라고요)

물을 붓고 센 불에서 10분 중간 불에서 20분 정도 끓입니다
마늘을 넣는 사람도 있는데 저는 마늘을 넣지 않아요
마늘을 넣었더니 미역 고유의 맛이 덜했기 때문이랍니다

국수 이야기
― 호랑지빠귀와 보성 나들이

국수,
국수, 하고 되뇌면 힘들이지 않아도 후루룩 혀에 감겨
아무렇지도 않게 꿀꺽 넘어가고, 재차 젓가락에 말리는 국수
가닥을 흐뭇하게 쳐다보던 나와 누군가를 떠올리며, 국수를
말아내던 사람과, 국수를 노래한 사람들을 생각나게 한다
많은 사람들이 엄마가 말아내던 국수가 세상에서 제일 맛있다고
믿고 있고, 그 믿음은 세상이 바뀌어도 절대 변하지 않을
유일무이한 진리일 것이다

문방구를 하면서 국수 공장도 하던 미희네 집 마당, 말라가던
국수 사이를 뛰어다니다 국수 가락을 뚝 끊어 줄행랑을 쳤던

어린 시절, 국수가 노래하며 마른다 했다가 또래들의 비웃음을
산 적도 있다
우리나라 국수는 지방마다 국수 원재료와 국물과 고명에 따라
조금 차이가 있는데 내가 먹어본 국수로는 잔치국수 칼국수
막국수 콩국수 곰국시 안동건진국수 동치미국수 고기국수
올챙이국수 콧등치기국수 생선국수 김치말이국수 팥칼국수
고구마국수 도토리국수 바지락국수 밀면 국물 없이 비빔국수
회국수 쫄면 등이다
냉면도 있으나 국수와 냉면은 분리하기로 하자

언젠가부터 뱃사람들이 주로 먹던 물회가 대중화되면서 소면
사리 추가가 별미로 또 다른 형태의 국수같이 느껴지기도 한다
전라남도 도서 지방은 멸치나 디포리 다시마 등으로 육수를
우려낸 국물로 말아내는 잔치국수보다 맹물에 설탕을 녹여
국수를 말아낸다

몇 년 전 해남 북일에서 정성껏 육수를 내고 애호박 볶고 당근도
채 썰어 볶아 고명으로 얹고 양념장 끼얹어 따끈하게 잔치국수를
내었는데 구순이 넘은 설아다원 오 원장의 모친께서 이게 무슨
국수냐 하시며 설탕물에 국수를 말아 달라 하셔서 당황하고

웃었던 기억이 있다
생각해보니 고향이 완도인 시어머니 오 여사도 설탕물에 국수를 말으라 하셨던,

먹고 경험한 국수 종류를 쓰고 보니 정말 맛있어서 자주 만들어 먹는 국수와 입맛에 맞지 않아 먹지 않게 된 국수, 울컥 눈물이 날 것 같은 추억의 국수, 다신 못 먹게 된 국수 등 다양하다
향토색이 짙은 지방의 국수는 누구와 어디서 첫 국수 가락을 삼켰는지 거의 다 생각이 나고 그날의 추억이 새록하니 국수가 내게 주는 추억은 작은방 서가의 묵직한 양장본 서너 권은 될 듯하다

밤새 창을 넘어오던 귀신새의 울음소리 삐그덕거리며 누가 그네를 타고 있을까 하며 골똘하게 하던 소리
그 소리의 주인은 귀신새로 알려진 호랑지빠귀였다

밤의 파수꾼

너는 긴 밤을 날아 아침을 열었구나

검은 장막 뒤에 앉아 누굴 기다렸느냐
너의 밤을 응시하며 나는 불을 밝혔지
네가 기다린 사랑과
내가 지운 사랑이
만 개의 별빛과 유일하다 믿는 하나의 달빛에 가려
도무지 알 수 없는 미지로 날아간 것인가

때죽나무 아래 묻어둔 편지를 확인하는 아침
너는 아직도 빛을 가르며 기계음으로 나를 깨우는구나
점자로 남은 눈물과 한탄
울퉁불퉁한 시간을 새겨 넣은 철필
끝이 닳는지 모르고 꾹꾹 눌러 새긴 빛의 시간이
밤을 가르던 귀신새의 통곡이 달려간 거리를 가늠하고
내일은 어떤 착각을 하며
오늘을 헤아릴까

날아간 네 울음
넓디넓은 모랫벌에 스며들어
나는 알고 누구도 모르는 통속적 사연으로 소멸되리라

기억 7

그날 아침 유리창에 몸을 부딪친 귀신새를 보고 우리는 적잖이
놀랐다
누구는 보리피리 소리와 같다 하고 누구는 가느다란 휘파람이라
하고 누구는 칼 가는 소리 같다 하고, 나는 녹슨 그네가 삐걱이는
소리라 했다
자정 지나 새벽녘 봄바람을 누르고 들리는 기계음, 우울 상태에
따라 머리칼이 쭈뼛 서게도 했던 귀신새는 그 이름이 왜
호랑지빠귀인지 보여주는 외모를 가지고 있었다
기절 직전의 눈이었지만 두 눈은 무서웠고 호랑이의 옷을 빌려
입은 듯한 몸피에 제법 큰 몸을 가지고 있었다
빈 박스에 물 한 그릇과 쌀과 콩 종류를 넣어 두고 잠시 자리를
피했는데 호랑이의 이름을 빌려 사는 새여서인지 정신이 들자
날아간 것이다

오전을 귀신새 소동으로 소일하고 선 시인과 조카되는 선 교수와
약속한 대로 보성을 향해 가며 잠을 빼앗아간 귀신새 따위는
잠시 잊고 다원을 지나고 회천 전일리 팽나무 군락에 도착해
개천 둑에 나란히 선 아름드리를 넘어선 18그루의 팽나무와
한 그루의 푸조나무를 만났다
이순신 장군과의 유래를 지닌 천연기념물로 바다가 코앞이라

방조림의 기능을 했던 군락으로 여겨졌다
오래전엔 더 많았을 거로 추측이 되는데 초록의 이파리들이
바람에 팔랑거리는 광경은 장관이었다
바로 옆 감자밭, 그 기운을 실어 보내는 듯한 400년을 넘긴
나무의 보호 아래 포슬거리는 감자가 자라고 있었다
우리 셋은 감탄과 경이로움에 놀라워하며 바다에 닿았다
포구는 여전하고 방파제 가로등도 멋진 모습 그대로였으나
회센터 건물은 남루를 벗고 새로 지어 깔끔했다
점심으로 회와 갑오징어찜을 배부르게 먹고 바지락 살을 사서
세설원으로 돌아왔고 저녁으로 바지락 국수를 만들어 먹으며
우리는 귀신새와 그 소리를 녹음한 동영상을 보며 회천 바다
이야기를 곁들였었다

🌸 다정다감 레시피

봄날 세설원에서의 국수를 추억하며 국수를 삶아볼게요

끓는 물에 바지락 살과 다진 마늘을 넣고 끓여요 이때 냄비 뚜껑을 열어 둬야 하는데 방심하면 끓어 넘치는 참사를 겪을 수 있기 때문이에요 소금으로 간을 맞춘 후 익은 바지락 살을 건져놓으세요
호박은 채 썰어 볶고요
국수가 삶아지면 찬물에 헹궈 타래를 만들고 그릇에 담아 뜨거운 육수로 토렴을 한 후 조갯살과 호박 고명을 예쁘게 얹고 뜨거운 육수를 부으

면 바지락 살 국수가 완성된답니다

기호에 따라 양념장을 얹는데 고추와 파를 잘게 다져 넣은 간장이 맛있어요

간혹 참기름과 깨소금을 첨가하는데 바지락 고유의 고소하고 진한 맛을 흩트리므로 권하지 않아요

일반 잔치국수 육수를 낼 때는 다음과 같아요

냉동고에서 남해산 멸치 한 움큼을 덜어내 뜨거운 팬에 올려 재빨리 볶아줍니다

손목의 스냅이 아주 중요해요 앞뒤 아님 좌우 젓가락이든 뒤집개든 멸치가 타지 않도록 볶아 팔팔 끓는 물에 넣어요

이때 건다시마 자른 거 서너 쪽, 양파 한 개, 대파뿌리 말린 것 서너 개, 청양고추 서너 개도 함께(국수를 몇 그릇 말아내느냐에 따라 육수 속 부재료 양이 달라지는데 4인 기준으로 잡았어요)

주의할 점, 멸치를 볶으면 반드시 가루가 생기는데 이 가루는 버려야 합니다

비린내를 제거하기 위해 볶았는데 그 가루를 넣으면 볶은 일이 도로아미타불이 되거든요

새치 이야기
― 세설원에서 밥상을 받다

어릴 적 밥상머리에서 정말 많이 들은 말

강릉 부자가 우찌 망했는지 아나??
새치* 꾸버 먹다가 망했다네
우찌 새치때문에 부자가 망한대요
그기 새치 껍질에 밥을 싸 먹느라고
새치 껍질에 밥을 을매나 먹었기로 망해요
야야 새치 껍질만 먹고 살은 다 발라 버리니
매 끼니 새치를 을매나 꾸버겠냐
마당에 머슴이 발라 버린 새치 살이 산더미를 이뤘으니

• 새치는 임연수어로 동해안 방언이다

낭중엔 돈이 없어 새치를 못 사고 못 먹고 결국엔 망했지
그렇게 이 새치 껍질이 맛있는 거라니
마이 묵어라 껍질

나는 껍질이 싫었다
보들거리는 흰살이 노랗게 구워져 고소한 그 맛이 좋은데
듬성듬성 숯검정 만발한 껍질이 맛있다니 도리질을 할 수밖에,
새치를 굽는 마당
석쇠를 들고 앞뒤를 번갈아가며 뒤집어야 하는 일이 맡겨지면
껍질을 다 태워버려야지 하는 다짐을 하곤 했던 봄날

형제들은 모두 가을 태생인데 나는 꽃 피는 봄날 태어났다
아버지와 엄마는 새치와 꽁치잡이로 바빴고 만선을 이루는 날이
많아 생일을 놓치기 일쑤였고 미역국은 고사하고 며칠 지난 뒤
현금을 선물로 받곤 했다
요즘처럼 아이들 생일을 챙겨 이벤트를 하고 가족 모두가 축하를
하는 분위기는 아니어서 생일날 미역국만 먹어도 감사했는데
이상하게 봄날 태어난 나를 자주 잊는 두 분,
사나흘 지난 후 미역국을 끓여주셨고 어린 마음에도 현금은
기분을 좋게 하는 그 무엇이어서 생일을 놓쳐도 그런가 보다

했었다
새치나 꽁치는 내게 용돈과 잦은 심부름을 하게 하는 생선으로
연탄불을 마당으로 내어 구이라도 할 때면 석쇠도 내 담당일
때가 많아서 좋기도 하고 싫기도 한 새치였다
파치를 갈무리해 꾸덕하게 말린 후 무를 깔고 조리면 너무나
맛있는 새치
강릉 부자가 껍질만 먹다 망할 정도로 껍질이 맛있다는 것이
이해되지 않았던 그때 새치를 구으면 괜히 심술을 내기도 했는데
지금은 지방 새치가 귀하고 어쩌다 속초 앞바다에서 잡은 새치를
구하면 구이가 먼저이니 나이 들어 부모님의 이야기를 이해하게
된 것이다
참 이상하지! 아버지처럼 엄마처럼 새치를 구워 상에 올릴 때마다
아들에게 새치 이야기를 하게 된다
그 옛날의 나처럼 아들은 껍질이 싫다고 했다 그러면 '엄마도
그랬었지' 하며 많이 웃는다

엄마 돌아가신 후 올케와 살았고 서울로 올라와선 자취생이
되었고 누가 날 위해 정성스런 밥을 차려주는 밥상을 처음
경험하게 한 '글을 낳는 집',
창작지원 프로그램의 혜택을 입어 세설원에 머물면서 호강 아닌

호강을 하는 몸이 된 것이다
1년 넘게 지속된 불면증으로 몸은 지칠 대로 지쳐
머리와 가슴에 화만 쌓여 있는 상태였다
계약한 원고와 읽어야 할 책들을 부둥켜안고 많이 울었던 시간,
조금만 섭섭해도 화가 나고 눈물이 났다 오십이면 누구나
겪는다는 갱년기 우울증이 조금 늦게 내게도 당도한 것이다
혹한의 긴 겨울이 몸속에 또아리를 틀고 앉아 푸른 정맥을 타고
등 쪽을 관통하기도, 심장을 짓누르기도, 손목을 옥죄어 검은색
곰팡이로 관절을 눌러대니 주먹을 쥐기도 힘든 상태로 고개는
자꾸 꺾이나 잠들지 못하는…
어찌 봄을 맞이할까 싶고 내게 봄이 오긴 오는 걸까 싶은 몸
상태로 창작실에 입주를 했다
나의 목표는 원고도 밀쳐 두고 읽어야 할 책도 쌓아 두고 무조건
잘 자고 그 다음이 먹는다였다

쑥부쟁이를 비롯 머위 삼잎국화 번행초 돌미나리 두릅 등
갖가지 봄나물과 맛있는 국과 머위튀김과 생각지도 못했던
특식들은 이제껏 누군가를 위해 음식을 만들어내던 내 손을
멈추고 주시는 대로 감사히 넙죽 받아먹는 일만 하는 사람으로
변신시켰는데 100점 만점에 200점을 드리고픈 식사였다

그럼에도 유독 그리운 것이 하나 있었는데 속초에서 나는
생선이었다
그것도 봄날의 새치 그 지겨웠던 새치 껍질이 먹고 싶고 육류와
친하지 않아서이기도 하지만 바다에서 나는 생선과 해물 나물
위주로 먹고 자라서인지 아님 집을 떠나 있어서인지 생선에 대한
집착이 발현된 것이다

"아, 너무 좋은데 생선구이가 먹고 싶네 새치가 정말 먹고 싶다…"는
바람은 생일을 코앞에 두었다는 핑계로 속초에서 택배로 새치가
오도록 했고 나는 너무 신이 났다

난분분 날리는 벚꽃길을 걷고 들어와 몸에 붙어 따라온
풀 냄새와 함께 새치를 굽는 일은 행복했다
아마도 꽃길을 걷고 난 후라 더 맛있었으리라
어쩌다 봄비에 젖은 벚꽃 이파리가 논두렁이나 나무 등걸 아래
누워 있으면 포구 여기저기 날아다니던 꽁치 비늘처럼 보이기도 해
바다와 멀리 떨어진 담양에 있어도 갯가에서 자란 나여서
그렇구나 싶고, 어쩔 수 없이 나타나는 바다 아이의 모습이어서
웃기도 했다

그런 날이 있다
유독 손이 희게 보이고 손등의 지도를 이룬 푸른 정맥은 더 깊고
푸르러
산맥을 이룬 피톨의 색깔은 빨강이 아니라 딥블루여서
익히 알고 있는 그 색과 내가 지금 느끼는 푸름을 확인하고픈
충동이 이는 밤
고요로 무장한 사위를 깨우는 풀벌레 소리 짝짓기를 마친
개구리 소리 짝을 부르는 두꺼비 소리
"그럴 거야 아마 그럴걸" 하며 충동을 부추기는 듯하여 오래전
그날의 흔적이 고스란히 남아 있는 왼쪽 손목을 쓰다듬노라면
진저리가 쳐지며 정신이 번쩍 드는 밤
깊은 우울에서 벗어났다고 믿고 있음에도 불현듯, 등 뒤에서
목덜미를 낚아채는 듯 불쑥 느닷없이,
홀로 작업실에 내려와 있을 때 그런 불청객이 오는 밤이면
도리질을 먼저 한 다음 큰 숨을 한 번 뱉고 창을 열고 사성암을
쳐다본 후 내일의 아침을 상상한다
육수를 낸 물에 된장을 풀고 우거지를 넣어 국을 끓이고 호박을
나박 썰어 새우젓을 조금 넣은 후 참기름에 달달 볶는다
그릴에 불을 넣고 달아오르면 새치나 삼치를 넣어 노릇하게
굽는 나,

나를 위해 무언가를 만들 작정을 하면 고른 숨이 찾아오고
바다 음식을 먹을 생각으로 들뜨기도 하여 휴우 안도의 숨을
쉴라치면 어떤 수신호처럼 강 건너 마을의 개들이 일제히
짖어댄다

    설악엔 눈이 내리고 어린 새치와 청어를 몰고 오는 바람
    꽉 찬 밤

    생강나무꽃 몸살로 부르르 떨던 밤
    출항대기를 기다리던 뱃머리를 돌아보시고
    훌쩍 포말로 하늘로 떠난 아버지

    삼팔광땡 딸래미가 운이 좋아 생일 때면 새치가 몰려왔
    다는 아버지의 이야기가
    전설처럼
    이명되어 울리는 날이 많다

    아버지 떠나시고 생긴 이명

산 너머 옥계 바다로 산란을 마친 황어가 내려가고
남쪽 먼 섬에서 연인이 혼례를 올린다는 전언에
숲이 잠시 출렁거렸다

기억 11

생선구이는 석쇠로 굽는 것이 맛이 있다
오븐이나 그릴 또 요즘 대세인
에어프라이어로도 생선구이가 가능하다
새치는 기름에 튀기듯이 바짝 구워도 맛이
참 좋다
강릉 부자가 선호한 구워진 껍질의 맛이
더 좋고 식감도 바삭하여서 연탄불에
장작불에 껍질이 타던 것과는 다른 고소한 풍미가 있다
군대 다녀온 남자들이 임연수어 구이라면 질색을 하기도 하는데
수입된 임연수어를 제대로 해동하지도 않고 대충 튀겼을 테니
그 맛이 어땠을지 짐작이 간다

다정다감 레시피

새치를 구워볼까요

오븐이 없는 경우
충분히 해동된 새치에 밀가루나 튀김가루를 골고루 묻혀줘요
팬에 기름을 넉넉히 두르고 달군 다음 옷을 입은 새치를 넣어 튀기듯 구워냅니다
다진 마늘과 다진 양파를 넣은 간장을 만들어 찍어 먹어요

새치조림 또는 삼치조림도 만들어볼게요

새치 세 마리, 삼치 중자 한 마리 기준
무 중간 크기 1/2개 , 물 두 컵, 간장 두 큰숟가락, 청주 한 큰숟가락, 고춧가루 한 큰숟가락, 매실청 반 숟가락, 다진 마늘 한 숟가락, 다진 생강 아주 조금(마늘과 생강의 비율은 마늘이 10이면 생강이 1 기준으로 잡는 게 좋아요 이는 김치를 담글 때도 적용됩니다)

모든 생선조림에는 무가 우선으로 밑에 깔리는 것이 비린 맛도 덜하고

무의 시원한 맛이 배어 생선의 맛을 한층 더 업그레이드시켜줘요

무가 없으면 양파를 굵게 썰어 깔아도 좋고요 둘 다를 넣어도 좋아요 그럴 땐 무가 아래로 가게 하세요

무를 굵직하게 저미듯 크게 썰어 깔고 새치나 삼치를 집게손가락 길이로 잘라 얹어요

물과 골고루 섞은 양념을 생선 위에 끼얹어 잠길 정도로 수위를 맞춘 다음 센 불로 5분간 끓이고 약 불로 10분쯤 조려줍니다

모든 음식이 그렇지만 특히 생선구이와 생선조림은 불 앞에 지켜 서 있는 것이 실패를 막는 일이다

음식의 맛은 손맛 이전에 정성이 좌우한다

머위나물
— 햇살그물

어떤 기원을 하려고 가는 게 아니다
그냥 그곳이 좋다

우연히 닿은 오래전 그날, 아무 생각 없이 올랐던 그 길과 아무 생각 없이 멍하게 천불보전 앞 계단에 앉아 물끄러미 절집 마당을 내려다보던 봄날의 내 모습과 풍경이 고스란히 생각나 좋다
서울살이에 지치거나 괜히 서럽거나 때때로 나른할 때 생각나는 곳이다
목구멍까지 차오른 갑갑증에 몸이 비틀어지면 바다로 가고 싶다
그 바다에서 기운을 얻으면 토한 말들을 완전히 지우고 무심의 나로 돌아가야지 하며 다시 가고픈 곳이 구층암이다

다른 곳보다 조금 이르게 당도한 봄이 겨울 햇살 꽁지에 붙어
꽃망울을 터뜨리던 곳, 그곳!

사립문을 열고 외갓집에 들어가는 듯한 입구, 대와 나무로 엮은
키 낮은 사립문, 열린 문을 지나 천천히 발을 옮기면 켜켜이
쌓인 지난 가을의 전사들이 겨울을 견디고 푸른 싹을 내어놓는
소리로 충만한 곳
푸드득 날아오르는 새들과 깃털을 품어주는 대나무, 휘파람새를
처음 만났던 그날처럼 늘 신비로운 길을 천천히 걷는다

봄 여름 가을 겨울
산문이 열리자마자 첫 길을 걷기도 했고 산문을 닫으려는 시각
마지막 길을 걷기도 했다
그리 길지 않은 길인데 그 길이 내게는 피안의 어느 곳에 닿을
듯한 감성을 주어서 누군가 그 길을 걸어 오르거나 걸어 니려올
때 동행자와 큰 소리로 이야기를 하면 괜히 화가 나서 잠시 멈춰
선다
화를 낼 일이 아닌데 그들도 그 길이 이쁘고 좋아 다른 길과
다름을 느끼고 표현할 뿐이거늘 나의 고요를 망치는 과한 소리가
싫어 잠시 멈춤을 선택하는 것이다

그냥

그냥을 생각한다
꽃이 좋아 웃는데 왜 좋냐고 묻지 마시라
이유가 필요치 않다
겨울이 와서 좋다 하니 왜 좋냐고 묻지 마시라
코끝이 얼얼해도 알싸하게 매운바람, 그 바람이 머리를
맑게 해서이다 설명하지 않고
그냥이라고 답하련다

그냥 좋고
그냥 싫고
그냥 맛있고
그냥 서러운
사는 동안 많은 날들을 설명할 수 없으니
그냥, 이라고 말하련다

기억 13

바닥만 보고 걸을 때가 있고 수런거리는 대숲의 이야기를 들으며

하늘을 보며 걸을 때가 있다
나름 익숙한 길이어서인지 하늘을 쳐다보며 걷다 쉬다 구층암을
향하다 보면 출렁거리는 햇살그물을 만나는 날이 있다
반짝거리는 그물에 걸린 무수한 시침과 분침의 시간을 헤아리던
그날은 각황전 옆 흑매라 불리는 홍매화가 각황전과 대웅전을
향해 긴 가지를 뻗어 이제 막 피기 시작하여 허공에 한 점 두 점
진홍의 꽃을 수놓던 날이었다
피어나는 매화꽃 수와 비슷하다 할 정도로 홍매 아래 이제
벙긋거리는 꽃을 보는 사람들과 나무에 기대 그 모습을 찍으려는
사람들을 뒤에 두고 담장을 끼고 돌아 구층암을 향해 천천히
걸었다
동행자는 나의 걸음이 늦는 이유가 마뜩치 않은지 큰 걸음으로
앞서간다
내가 보고픈 풍경과 그가 보고픈 풍경이 다르기에 가끔은 서로를
무시하고 하고픈 대로 하는 것이 여행을 마칠 때까지 부닥치지
않고 무사하게 기분 좋게 마무리 된다는 것을 경험하였기에 종종
그렇게 한다
주로 절집에 갔을 때인데 주차장에서 기다리든가 아니면 대략
시간을 정하고 각자의 동선을 존중하는 것이다

구례 당일치기 여행은 어디에 포인트를 두느냐가 중요하다
계절에 따라 달라지지만 화엄사 홍매가 우선인지 벚꽃길이
우선인지 피아골인지 천은사인지 사성암인지 섬진강변인지 장날
장터 구경인지,
둘이나 셋은 의견을 모으기가 쉬운데 넷은 갈리기도 하고
누군가는 양보를 해야 한다
편한 사람끼리 여행을 왔다면 포인트를 정하고 순서를 정했어도
그 순서와 상관없이 다시 의견을 나눠 다수의 의견대로 진행이
되는데 그것도 누군가의 양보가 있어야 원활한 여행이 된다
내 경우는 둘이나 셋이 가장 많은데 구층암을 목표로 화엄사를
일순위로 진행한다
이른 봄 구층암 마른 수국 아래 머위를 만나려는 내 의지가
동행자를 설득하고 그들도 기꺼이 나의 머위 사랑을 알기에
"그래 가자 그렇게 해야 좋다니 그렇게 할 수밖에…"라며
웃어준다

구층암을 들어서는 길목 왼쪽에 산수국과 수국이 피는데 긴
겨울을 보낸 후 수국 아래 머위나물이 돋아난다
한겨울에도 머위가 보이기도 하는데 얼었던 흙이 포실거리며
살아날 즈음 냉이와 쑥과 더불어 봄기운을 잔뜩 머금은 머위는

나물 중 으뜸인 봄의 전령사다
가을철 1능이 2표고 3송이라는 말이 있듯이 봄이 오면 1머위
2냉이 3쑥으로 생각하는 나는 머위가 가장 맛있고 몸에 좋은
나물이라 믿고 있다
요즘은 이런저런 채널을 통해 머위의 약효와 그 맛이 알려져
많이 선호하는 나물이 되었다
씁싸래하고 쓴맛이 도는 머위를 어릴 적부터 너무 좋아해서
머위귀신이라고도 불렸다

구층암의 어린 머위 세 잎을 끊어 흙만 털어내고 입에 넣는 나를
보고 동행한 선배나 후배가 깜짝 놀라기도 하였는데 그들의 눈엔
내가 이상한 것이다
이상하게 보이기도 하는 나는 그렇게 먹는 첫 머위의 향과
맛을 너무 좋아해서 홍매가 피기 전 구층암을 가고 싶으나
동행자들은 꽃이 먼저여서 일정 조율이 가끔 어렵기도 하다

새벽을 달려 내려와 아침 일찍 구층암 산문을 통과해 대숲 길을
걷는 일은 머위도 머위지만 내가 가장 좋아하는 산책이기도 하기
때문이다
어디에도 없는 길 간혹 햇살그물이라도 만나는 날이면 사춘기

시절 우울했던 날들을 보상받는 듯한 착각을 하기도 한다

햇살그물,
누구는 그런 말이 어디 있냐며 웃었다
어릴 적 그물을 가지고 노는 날이 많았다
아버지가 부려놓은 그물을 털어 다듬어 말리고 빵게나 빼빼게가
끊어버린 그물을 수선하는 일을 보망이라고 했는데 그 일은
엄마의 담당이었다
간혹 아버지가 보망을 하기도 했는데 손이 얼마나 날랜지 엄마의
솜씨가 최고인 줄 알았던 나를 놀라게 하기에 충분했다
그물을 깁는 대나무 바늘이 있었는데 그릴 수는 있는데 설명을
하기가 힘든, 좌우간 실을 길게 걸어 몇 번을 감은 뒤 그물과
그물 사이를 빠르게 오가면 구멍이 크게 났던 그물이 감쪽같이
메워져 아버지 옆에서 "와…와…" 하며 놀라워했다
나도 해보겠노라 바늘을 들고 이리저리 돌려보았지만 허탕,
그 그물이 햇살을 받아 하늘에 펼쳐져 있다는 생각을 하는
것이다

처음 경험한 햇살그물은 단발머리 여고 시절이었는데 학사평을
지나 목우재 고개를 넘어 소공원으로 내려설 때였던 거로

기억한다
너무 오래 걸었던 뒤라 다리는 풀리고 바닥이 얇디얇았던
운동화로 발에 불이 나고 발가락에 물집이 잡혀 아프기
시작했다
입에서 단내가 나는데 왜 이렇게 걸어야 하냐며 묻지도 못 하고
(그땐 어떤 일이든 무조건 참을 때였다) 울기 일보 직전이었는데
절대로 빌려주지 않던 마이마이 카세트 이어폰을 주는 것이다
멜라니 사프카의 〈The Saddest Thing〉이었다
많이 좋아하는 노래였는데 이어폰을 꽂고 들은 것은 처음이었다
라디오와 전축으로 듣던 것과는 너무나 다른 울림을 주어서
주저앉아 얼마나 울었을까 어깨를 흔드는 통에 정신을 차리고
일어서는데 휘청하면서 저 멀리 포플러나무 아래로 그물이
출렁거리는 것이었다
그때는 햇살그물이라고 말하지 않았다

오랫동안 보이지 않았고 잊고 지냈다
몇 번 본 듯도 하였으나 이내 지워져 제대로 기억하는
햇살그물은 어머님이 돌아가시기 보름 전쯤 유월 어느 날
한낮이었다
어버이날 선물로 옷을 사달라 투정을 하셨던 어머님, 그런 일이

없었는데 비싼 옷으로 사달라고 성화를 하셔서 백화점에 모시고
갔었다(몸이 쇠약할 대로 쇠약해진 때라 걷는 게 힘든 상태였는데 당신이
직접 고르겠다 고집하셨다)
두어 시간을 돌고 또 돌고 이 옷 저 옷 자꾸 변덕을 부리셔서
고생하며 제법 큰돈을 지불하고 푸른 바다빛의 레이스로 가슴
부분에 큐빅으로 수를 놓은 원피스와 그 위에 입는 재킷을
한 벌로 해드렸더니 그 옷을 입고 며칠을 마당에 나가 앉아서
장독대와 목련나무를 번갈아 쳐다보고 계시는 게 아닌가
속으로 '왜 저러시지' 하면서 입으로는 "건강 회복하셔서 가을
아버님 생신 때 여행 가시게요" 했다
날 쳐다보며 환하게 웃으셨는데 그때 햇살이 내려앉으며 어머니
머리 위로 햇살그물이 생긴 것,
내 입에서 나온 말 "아, 저거 햇살그물이네"
마당 오른쪽 목련나무와 왼쪽 감나무를 이어 빨랫줄이 매달려
있었는데 출렁거리며 그네를 타는 햇살그물이 보였다
어머님의 원피스에 내려앉던 청어비늘처럼 반짝거리던 햇살그물!
나쁜 일들은 모두 저 그물을 통과하고 좋은 일들만 그물 위에서
춤추었음 했던 그날이 어제 일처럼 떠오르는데 구층암 가는
길에 만났으니 그 길을 좋아하는 이유는 햇살그물 때문일지도
모르겠다는 생각을 하곤 한다

구층암을 내려오면 당연히 들러야 하는 곳이 장터다
어쩌다 삼팔장날이면 지리산 자락에서 채취한 산나물로
장사진을 이루는 장터, 제일 먼저 찾는 나물이 머위다
참나물보다는 이파리가 크고 키는 작으면서 취나물보다는
이파리가 둥글고 뿌리에 가까운 줄기 부분이 붉은색을 띄는
나물이 머위다
붉은색이 짙고 많을수록 쓴맛이 맛있고 (노지)자연산에 가깝다
장날이 아닌 경우도 있는데 그럴 때는 상설시장으로 간다
장터 위쪽으로 쭈욱 올라가면 있는데 단골가게가 있어 많은 양의
머위를 살 수 있다
오일장 장터보다 싸고 더 많이 주시는 날이 많다 재작년에는
두 관을 사서 세 사람이 나눴는데 할매들이 채취한 걸 모아
팔아서인지 다듬는 일이 힘들었지만 된장에 조물조물
무쳐놓으니 정말 맛있어 게 눈 감추듯 사라졌다

머위는 어린잎일 때는 나물로 만들고 조금 자라 억센 듯
느껴지면 장아찌를 담그고 더 자라 이파리를 먹을 수 없을 땐
줄기를 나물이나 탕으로 먹는다(첫 머위가 나올 때 핀 머위꽃을
튀김으로도 만든다)
항암효과가 뛰어나다는 연구 자료 때문에 머위 가격이 많이

올랐지만 버릴 게 하나도 없는 봄과 초여름 최강 나물이다

머위를 다듬다보면 손가락 끝에 까만빛 물이 든다
흙물과는 다른 머위만이 주는 색이 있다(고구마 줄기 껍질을 깔 때도 비슷한 물이 든다)
봄에도 여름에도 까만빛 물이 든다

다정다감 레시피

머위나물을 만들어볼게요

이른 봄나물로 머위를 먹을 경우 다듬은 머위나물 전체를 팔팔 끓는 물에 뿌리 쪽부터 넣어 살짝 데쳐내요
머위는 특유의 쓴맛이 있어 된장에 무치는 것이 맛있어요
다진 마늘 약간과 참기름 깨소금만 넣으면 된답니다
쓴맛이 거슬리면 쪽파를 송송 썰어 넣으면 쪽파 향으로 쓴맛이 조금 상쇄되어요

봄이 깊어지면 머위가 무서운 속도로 자라요
이파리는 데쳐 쌈으로 먹기도 하고 이른 봄의 머위나물처럼 이파리만 데쳐 두세 번 썬 뒤 위의 방법대로 된장을 넣어 무쳐 먹고
대는 삶아 껍질을 벗긴 후 어슷 썰거나 섬유질이 부담스러우면 대를 두세 번 세로로 길게 가른 후 길이는 손가락 두 마디 정도로 잘라 준비해요
팬을 뜨겁게 달궈 기름을 두른 후(포도씨유나 카놀라유를 써요)
머윗대를 넣고 볶습니다

3분쯤 센 불로 볶다가 바지락 살이나 마른 새우와 다진 마늘을 넣어 볶고 바지락 살이 익으면 거피한 들깻가루를 두 숟가락 정도 넣고 2~3분 볶아줘요
들깻가루가 들어가면 뻑뻑해지는 경우가 있는데 그럴 때는 물을 조금 넣어 농도 조절을 합니다
마무리는 참기름 약간과 검은깨를 조금 뿌리면 향도 깊고 예뻐요

구층암과 햇살그물 그리고 머위나물 휘어진 손가락의 장터 어머니(시어머님의 손가락도 휘어져 있었다)
내가 어디에 있든지 상관없이 봄이 오는 길목이면 그곳으로 가야 한다는 강박을 주는데 그 강박을 즐기고 있고 기꺼이 그 강박으로 행복하다

육수 이야기

쌀뜨물

내게 쌀뜨물은 엄마의 비법 레시피
초등학교 5학년이었나? 실과 시간에 쌀 씻기를 배우고
돌아왔는데 마침 엄마가 저녁에 안칠 쌀을 씻고 있었다
쌀남박에 쌀을 넣고 물을 조금 부은 후 휘휘 저으시더니 그 물을
버리신다
'맞어 선생님이 빡빡 씻지 말고 휘휘 저으라고 하셨어'라는
생각을 마치자마자 엄마의 오른손이 빠르게 움직이며 쌀을
빠락빠락 치대는 것이다
"엄마 선생님이 그렇게 하면 안 된대! 아까처럼 휘휘 저어 씻고 세
번 헹구라고 하셨는데"
"…" 말이 없이 물을 부어 헹군 뒤 그 물을 냄비에 담고 서너 번
헹구셨다

"아닌데 그렇게 하면 안 된다고 했는데…"
"처녀 선생이 뭘 알어! 시끄러워 나중에 니가 밥해 먹을 때 그렇게 하렴!"
나는 배운 대로 해야 한다고 계속 쫑알거렸고 결국 엄마의 물 묻은 손이 머리통으로 날아왔다
"부엌에 상관 말라니께!!! 너 그러다 부엌데기 된다!!!"

아버지가 그러셨다
애기 때부터 부엌을 그리 좋아하더니 엄마 손맛 그대로 이어받았다고
딸 셋 가운데치기인 나는 엄마의 "둘째야!" 부름에 재빠르게 움직이며 심부름을 해야 했고 엄마가 가는 곳 어디든 따라가려고 고집을 세웠었다
시장에 가는 게 너무 좋았는데 열 번이면 세 번만 데려가서 날 두고 간 엄마가 시장에서 돌아올 때까지 울었다고 한다
내 기억에도 시장에 따라간 날보다 골목 입구에서 발을 구르며 울었던 기억이 더 세다

아버지 환갑잔치를 새로 이사한 오빠 집에서 집들이 겸 했었다
사진관을 운영하는 선배 남편이 와서 비디오도 찍고 가라오케

악사가 와서 노래도 부르고 아주 큰 잔치였다
아버지는 자주 앓으셔서 평생 병원과 약국을 옆집 친구처럼
가까이하셨고 조금만 아파도 스스로 병원으로 행차하셨고 곧
죽을지도 모른다는 강박을 갖고 사셨다
골골백년이라는 우스갯말을 입증하신 분이신데 환갑을 해야
오래 살 거 같다니 지금 생각하면 울며 겨자 먹기 잔치였는지도
모르겠다
아버지에 대해 우리 사남매는 생명을 주신 것에 대한 최선의
효를 행해야 한다는 생각으로 스스로를 다독이며 살아왔기
때문이다
잔치는 무르익어 축하주에 거나하게 취하신 아버지의 노래가
이어졌고(동네 소리꾼이셨다) 박수가 이어지고 누가 사회를 봤는지
기억에 없는데 돌아가며 노래를 하면서 노랫값을 모았던 거 같다
내 순서가 왔고 아버지가 옆에 서서 하시는 말씀이 "야가 날 가장
많이 닮아 노래를 잘해요 잘해 그런데 그 목청이 어떻게 트였냐
하면 하도 울어서⋯울어서 트였다오 지 엄마 시장갈 때 데려가지
않으면 올 때까지 울어댔으니 목청이 그때 딱 터진 거지 둘째야
어여 노래해라"
아버지 친구 몇 분이 박수를 치며 웃으셨다
"맞어 맞어 그랬지 둘째 울어대면 동네가 쩌렁쩌렁 울렸어

하하하"
모인 사람들이 박수를 치면서 웃어대는데 정말 눈물이 쏙 나는 것이다
내가 목이 멘 소리로 "데려가지 왜 안 데려가서리…노래 안 해 안 할래요"
30년도 넘은 그날의 일이 어쩜 그리 선명한지 울어대서 목청이 터졌다는 이야기를 오래도록 들었었다
여고 때 잠시 성악 레슨을 받았는데 선생님께 그 이야길 했더니 웃으시며 "그럴 수도 있지, 그런데 넌 입안 소리통이 워낙 커 그래서 맑아"
잠시 위로가 되었으나 떼쟁이 울보여서 목청이 터진 것에 대한 콤플렉스에서 벗어나는 일은 좀처럼 쉽지 않아 힘들었는데 이제는 놓여난 듯하다

부엌을 정말 좋아했던 아이
나는 늘 궁금했다 뭘 어떻게 하길래 맛이 생기는 걸까
아주 어려선 국솥에 빠진 걸 살려냈다고 하니, 어렴풋한 기억으로 엉덩이에 원주 1군 사령부 px에서 구한 바세린을 잔뜩 바르고 엎드려 지낸 일들이 생각나기도 한다
그때 많이 들은 말 "그러다 부엌데기 된다"

아, 엄마의 그 말은 내게 축복이 되었는지 저주가 되었는지 이날
이때껏 환자와 살고 뒤치다꺼리에 그후론 손에 물 마를 날이
없으니 부엌데기가 팔자인가 싶다

쌀뜨물은 정말 맛이 깊은 육수로 쓰인다
된장을 넣어 국물을 내는 요리에 절대적이고
생선요리에도 비릿한 맛을 없애는 데 탁월하다

다시마

바다에 바람이 심하면 배들은 부두에 꼼짝없이 묶여 있어야
한다
이산가족 찾기 방송에서 서로 다른 지역에 살던 형제자매가
만나 부둥켜안은 것처럼 비바람에 오열하며 크고 작은 배들이
서로를 결박한 모습으로 몇 날 며칠을 지낸다
태풍이나 해일이 인 것이 아니어도 그런 일은 잦았고 바람이
잠잠해지면 축항 테트라포드 주변과 백사장엔 밀려온 다시마가
장관을 이루는 날이 많았다
해녀와 머구리가 따 온 다시마와 비교할 필요가 없을 정도로
크고 맛있는 다시마를 장대로 건져 올려 시장에 내다 팔기도
했다
우리는 그 곁에서 이삭줍기를 했는데 집으로 가져와 커다란 빨강

통에 다시마를 담고 바닷물을 한가득 넘치게 부어 둔다
상태가 좋은 다시마는 그물로 만든 망에 눕혀 햇살에 말리고
못난이 다시마는 가늘게 채를 썰어 수돗물에 두어 시간 담갔다가
식용유를 두르고 간장에 다진 마늘을 넣고 볶아 먹었다
그 맛은 고사리나물과 비슷한 맛을 내는데 먹어본 지 오래된
음식이다
다시마의 끈적끈적한 진을 이기고 칼로 채를 썬 사람은
엄마였으니 돌아가시고 누구도 하지 않는 기억만이 아스라한
음식이 된 셈이다

바다의 불로초라 불리는 다시마는 특히 마그네슘이 많이
들어 있고 식이섬유도 많아 변비에도 탁월하고 여러 형태의
요리로(튀각 쌈 해초샐러드 다시마국수 다시마장아찌) 만들어지고
횟집에서 숙성회를 만드는 데 주요 재료이면서 국물 요리에
중요한 재료다
채수를 쓰는 사람도 있으나 나는 다시마를 으뜸으로 치고
맛간장을 만들 때 절대적 우위를 차지한다
요즘은 진도나 완도 보길도에서 생산한 다시마를 주로
사용하는데 피가 두껍고 맛이 깊다
완도가 전복 양식의 주산지고 다시마는 전복의 주요 먹이다

그렇다 보니 그곳에서 키운 다시마가 품질이 좋은 것, 자연산
다시마가 가장 좋지만 양식 다시마도 그 맛이 결코 처지지 않는다

다시마 육수를 쓰는 요리는 너무 많다
주로 국수 요리에 쓰이고 수제비, 어묵, 전골을 비롯한 국물 요리,
계란찜, 김장김치 등 멸치와 더불어 만능육수의 주재료다

다시마 육수를 내는 방법은 두 가지로 찬물에 우리는 것과
끓이는 것이다
찬물에 우리는 방법은 물에 불순물을 깨끗이 털어낸 다시마를
넣고 실온에 잠시 두었다가 냉장고에 넣어 하루 지나 사용하면
된다 세 번 정도 우릴 수 있다
끓일 경우 냄비에 다시마를 넣고 물을 부은 뒤 30분 정도 지난
후에 불에 올려 10분 정도 팔팔 끓이고 걸러 보관하면 된다
오래 끓이면 국물이 탁해지고 비릿한 맛이 난다
다시마 무게의 100배의 물로 가령 10그램이면 1리터로 양을
잡는다

- 진한 육수를 원할 때 만들어놓은 다시마 육수에 무와 표고버섯을 넣어 끓
  인다

양파와 양파껍질

양파가 사람에게 얼마나 유익한 채소인지 굳이 설명하지 않아도
다 안다 생각한다
마늘처럼 춥고 긴 겨울을 잘 견뎌낸 후 햇살 가득한 봄에
우리에게 오는 양파
양파김치 양파장아찌 양파피클 양파튀김 양파계란볶음
양파볶음 볶음밥의 주재료, 생양파로 먹기, 카레라이스에 반드시
들어가야 하고, 중국집에서는 짜장면의 주재료이면서 이런저런
유명한 요리에 골고루 들어가며, 고기를 구울 때 곁들이로 구워
먹고 심지어 고혈압에 좋다며 양파를 썰어 와인에 숙성시켜
마시기도 한다
정말 다양한 레시피가 있는 양파다
때로는 풍년으로 갈아엎기도 하고 어느 해에는 너무 비싸 금파가

되기도 하는 양파는 없어서는 안 되는 식재료다

나는 1년에 양파를 50킬로그램 정도 소비한다
주로 육수를 만드는 데 사용하는데 무보다 더 시원한 맛을 내서
다시마와 함께 맛간장의 중요한 육수가 되어준다
육수를 낼 때 뿌리와 껍질을 되도록 버리지 않고 깨끗이 씻어
사용하고 껍질이 지저분해서 벗겨낼 땐 그 껍질을 물에
담가 두었다가 씻어 얼려 둔다
다음 육수 끓일 때 함께 넣기 때문이다
양파는 흙만 잘 털어내고 씻으면 버릴 게 하나도 없는 식재료다
혈압이 높은 사람이 양파껍질 다린 물을 장복하면 효과가 있다고
한다
요즘은 자색양파도 나오는데 자색양파는 단맛이 더 많아서 함께
썰어 7:3 비율로 김치를 담그면 참 맛있다

구운 대파와 파뿌리

아, 대파에 대한 나의 사랑은 주변인들이 알 정도로 지나친 경향이 있다
파를 너무 좋아한다
대파 쪽파를 넘어 풋마늘의 푸른 부분도 파처럼 쓴다
파를 먹고 싶어서 일부러 라면을 끓일 때도 있다
늦은 저녁 으스스 춥거나 이유 없이 가라앉을 때 파를 먹으려고 라면을 끓인다
라면 하나에 대파 한 뿌리를 썰어 넣어 끓인 후 대파만 건져 먹는다
내가 말아 들고 다닌 왕계란말이의 제1 수훈갑은 대파다
대파가 빠진 계란말이는 상상조차 할 수 없다
한 판에 하나로 마는 계란말이에 들어가는 대파는 큰 뿌리로

다섯 개 정도, 계란을 푸는 일보다 파를 써는 일이 힘들어 가끔
이걸 왜 하지? 라고 머리를 긁적거릴 때도 있으나
들고 나가 행사 뒤풀이에서 나눠 먹을 때면 파 썰며 흘린 눈물
따위는 사라지고 "와 세상에 이걸 어떻게 말았어!" 하는 탄성에
괜히 으쓱해지며 웃는 내가 있다
계란말이용으로 대파를 가장 많이 썬 날은
2014년 청운동 주민센터 앞에서 노숙투쟁을 하던 세월호
유족들에게 가져간 날이다
김장철도 아닌데 대파 석 단에 계란 5판 150알을 깼었다
일곱 개로 완성된 왕계란말이를 본 동진엄마는 울다가 웃었다
너무 신기하다며 신나게 웃어줬다
계란말이는 광화문 농성장으로 국회 앞 농성장으로 갔는데 다들
잠깐 웃었다고 전해 들었다
나의 계란말이는 명지표라는 이름을 달고 지인들의 출판회
뒤풀이나 촛불집회에 출출할 때면 나타나 박수를 받기도 했다

계란말이를 이야기하려는 것이 아닌데 자화자찬을 한,
대파는 육수에 절대 빠지면 안 되는 재료다
특히 대파를 구우면 그 맛과 향이 배가되어 국물 맛을 달고
시원하게 한다

대파를 다듬고 정리할 때 나오는 뿌리는 절대 버리면 안 된다
그 또한 귀한 식재료이면서 육수재료다

흙을 털어낸 뿌리를 흐르는 물에 잘 씻은 후 볼에 물을 채우고
1시간 정도 담가 둔다
뿌리에 남아 있을지도 모르는 흙을 제거하는 방법이다
다시 흐르는 물에 두 번 정도 헹군 뒤 말린다
건조기에 넣어 말리는 방법이 가장 안전하다 바스러질 정도로
완전히 말린 후 냉동 보관한다

육수를 낼 때 구운 대파와 뿌리를 함께 넣으면 달면서 그윽한
파 향으로 무와 양파와 멸치가 한몸을 이루어 깊은 맛을 준다

에필로그
봄이 왔다

겨울은 길었다
몸만 추웠던 것이 아니라 마음도 꽁꽁 얼어버린 것처럼 느껴진 시간
나는 늘 외로웠으나 아닌 척하느라 너무 바빴고 침잠이 두려워
필요 이상으로 많이 움직여
뼈가 아플 정도로 관절이 늙어버렸다

흔적선이 사라진 수뭇개 바위 근처에서 집어등 불이 꺼지는 것을 확인한 새벽
박명의 시간을 지나 떠오른 태양은 그 어느 날보다 뜨겁고 환하여서 겨울바다를 펄펄 끓게 했다
산은 하얗고 호수는 서로를 옥죄며 얼어붙은 푸른 물로 거울을

만들어 활동을 멈춘 물풀을 고스란히 보여주고 있었다
볼에 닿는 동해의 찬바람은 내가 사랑하는 겨울이어서 잠시
웅크리지만 곧 웅크린 몸을 펴게 만드는 요술을 부린다

신흥사 대웅전 뒤편 후미진 곳 변산바람꽃 단체로 우윳빛 꽃
이파리를 펼치고 청보라의 꽃술에 분홍비녀를 세우고 날 보고
웃어주던 날
죽비로 맞은 듯 등에 불이 일면서 바람꽃의 기운이 날 일으켜
세웠다

겨울이 좋은 것은 언 땅을 녹이며 솟구치는 땅의 정령을 데리고
오는 미리 봄을 안을 수 있기 때문이다
이른 봄 아니다
나는 미리 봄을 느끼려 겨울을 좋아했다
먼 산 공제선에 파르스름한 싹들이 툭 툭 터지는 소리를 들으며
겨울에게 고마웠다 인사를 할 줄 아는 나,

산등성이에 나목인 채로 쭈뼛거리며 겨울을 이겨낸 백두대간의
뼈들에게 말한다
아비와 오래비의 목숨을 담보 잡은 채 시퍼렇게 출렁거렸던

파도에게 말한다
어판장과 밭이랑과 시장통을 빠르게 지나다녔던 이 세상의
엄마들에게 말한다
잘하는 일보다 못하는 일이 더 많은 엄마를 둔 아들에게 말한다
더러는 미워도 밉다는 말을 삼키고 늘 든든한 배후가 되어준
J에게 말한다
밀물 들듯 오기를 기다리는 나의 시와 문장들에게 말한다

"내가 너를 사랑한다"

요리하는 시인
김명지 산문집

음식을 만들면 시가 온다

초판인쇄 2022년 6월 1일
초판발행 2022년 6월 10일

글·사진 김명지
펴낸이 윤중목
펴낸곳 (주)도서출판 목선재

책임편집 전상희
디자인 문성미

출판등록 제2014-000192호 (2014년 12월 26일)
주소 서울시 중구 필동2가 25 중앙빌딩 401호
　　　문화법인 목선재
전화 02-2266-2296
팩스 02-6499-2209
홈페이지 www.msj.kr
이메일 coopmsj@naver.com
ISBN 979-11-976611-2-9　03810

- 이 책의 판권은 (주)도서출판 목선재에 있습니다.
- 본사의 허락이나 동의 없이 무단 전재 및 복제를 금합니다.
- 잘못 만들어진 책은 바꾸어드립니다.